情報利活用
表計算

Excel

日経BP

はじめに

本書はExcel 2024の基本操作から応用的な機能までを解説しています。基本的な表作成や関数を活用した集計表、グラフの作成、データベース機能を活用したデータの抽出、集計、分析などの操作を、サンプルを作成していく中で身に付けられるように設計しています。
また、Excel 2016以降のバージョンはExcel 2024と機能および操作方法にほとんど違いがないため、これらのバージョンのExcelを使ってほぼ問題なく本書で学習することもできます。

制作環境

本書は以下の環境で制作・検証しました。

■Windows 11（日本語版）をセットアップした状態。

※ほかのバージョンのWindowsでも、Office 2024が動作する環境であれば、ほぼ同じ操作で利用できます。

■Microsoft Office 2024（日本語デスクトップ版）をセットアップし、Microsoftアカウントでサインインした状態。マウスとキーボードを用いる環境（マウスモード）。

■画面の解像度を1366×768ピクセルに設定し、ウィンドウを全画面表示にした状態。

※環境によってリボン内のボタンが誌面と異なる形状で表示される場合があります。

■[アカウント]画面で[Officeの背景]を[背景なし]、[Officeテーマ]を[白]に設定した状態。

■プリンターをセットアップした状態。

※ご使用のコンピューター、プリンター、セットアップなどの状態によって、画面の表示が本書と異なる場合があります。

表記

・メニュー、コマンド、ボタン、ダイアログボックスなどで画面に表示される文字は、角かっこ（[　]）で囲んで表記しています。ボタン名の表記がないボタンは、マウスでポイントすると表示されるポップヒントで表記しています。

・入力する文字は「」で囲んで表記しています。

・本書のキー表記は、どの機種にも対応する一般的なキー表記を採用しています。2つのキーの間にプラス記号（＋）がある場合は、それらのキーを同時に押すことを示しています。

・レッスンの冒頭にあるキーワードは、そのレッスンで学習する主な機能です。

おことわり

本書発行後（2025年2月以降）の機能やサービスの変更により、誌面の通りに表示されなかったり操作できなかったりすることがあります。その場合は適宜別の方法で操作してください。

実習用データ

本書では、基本的にファイルを一から作成していますが、一部の操作では既存のファイルを開く操作が必要になります。実習のために必要なファイルを、以下の方法でダウンロードしてご利用ください。

ダウンロード方法

① 以下のサイトにアクセスします。

　https://nkbp.jp/050758

② [実習用データと練習・総合問題の解答のダウンロード]をクリックします。

③ 表示されたページにあるそれぞれのダウンロードのリンクをクリックして、適当なフォルダーにダウンロードします。ファイルのダウンロードには日経IDおよび日経BOOKプラスへの登録が必要になります（いずれも登録は無料）。

④ ダウンロードしたzip形式の圧縮ファイルを展開すると[IT-Excel2024]フォルダーが作成されます。

⑤ [IT-Excel2024]フォルダーを[ドキュメント]フォルダーまたは講師から指示されたフォルダーなどに移動します。

ダウンロードしたファイルを開くときの注意事項

インターネット経由でダウンロードしたファイルを開く場合、「注意──インターネットから入手したファイルは、ウイルスに感染している可能性があります。編集する必要がなければ、保護ビューのままにしておくことをお勧めします。」というメッセージバーが表示されることがあります。その場合は、[編集を有効にする]をクリックして操作を進めてください。

ダウンロードしたzipファイルを右クリックし、ショートカットメニューの[プロパティ]をクリックして、[全般]タブで[ブロックの解除]を行うと、上記のメッセージが表示されなくなります。

実習用データの内容

[IT-Excel2024]フォルダーには、以下のフォルダーとファイルが収録されています。

フォルダー名	フォルダー／ファイル名	内容
[IT-Excel2024]	[完成例]	本文の完成ファイル、練習問題の完成ファイル（[練習問題]フォルダーの中）、総合問題の完成ファイル（[総合問題]フォルダーの中）が収められています。必要に応じて別の場所に移動してください。
	[保存用]	操作したファイルを保存するためのフォルダーです。最初は空です。
	使用ファイル	本文や練習問題の実習で使用するファイルです。

ファイルの保存場所

※本文でファイルを開いたり保存したりするときは、具体的なフォルダーの場所を指示していません。実際に操作するときは、上記[IT-Excel2024]フォルダーまたはその内容の移動先を指定してください。

本書では[IT-Excel2024]フォルダーの保存先を、コンピューターのハードディスクとした状態で解説しています。Officeのファイルの保存先としてはクラウド上のOneDriveも利用できますが、本書では説明を省略しています。

練習問題の解答

本書の各レッスンの終わりにある練習問題、総合問題の解答をダウンロードすることができます。

ダウンロード方法は、上記の「ダウンロード方法」を参照してください。

Excel 2024の画面

Excel 2024の画面の各部の名称を確認しましょう。

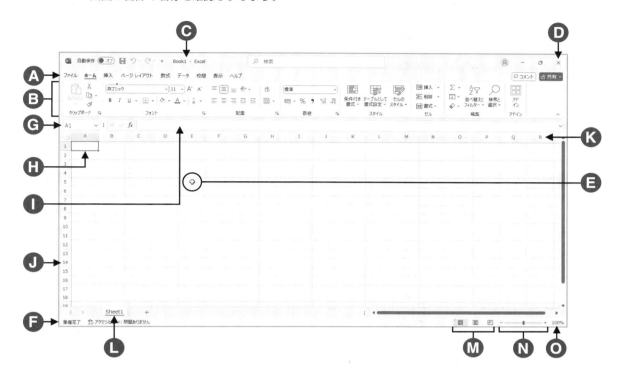

A [ファイル]タブ
クリックすると、[新規][開く][名前を付けて保存][印刷]などの画面が表示され、ファイルに関する操作ができます。

B リボン
操作で使用できるコマンドがグループごとに整理され、タブごとにまとめられています。

C タイトルバー
アプリケーション名やファイル名などが表示されます。

D 閉じるボタン
アプリケーションを終了するときに使用します。複数ファイルを開いている場合は、アクティブなファイルだけを閉じます。

E マウスポインター
ポイントする場所や状況によって形が変わります。

F ステータスバー
選択されたコマンドや実行中の操作に関する説明など、状況に合わせた情報が表示されます。

G 名前ボックス
アクティブセルの位置を示します。

H アクティブセル
現在選択しているセルです。

I 数式バー
アクティブセルに入力されているデータや数式を表示します。

J 行番号
ワークシートの各行の番号です。

K 列番号
ワークシートの各列の番号です。

L シート見出し
ワークシート名が表示されます。クリックしてワークシートを切り替えられます。

M 表示選択ショートカット
画面の表示モードを切り替えられます。

N ズームスライダー
画面の表示倍率を調整します。

O ズーム
現在の表示倍率が表示されています。クリックすると[ズーム]ダイアログボックスが開きます。

(5)

目次

はじめに		(3)
実習用データ		(4)
Excel 2024 の画面		(5)

Lesson1　表作成の基本操作　　1

新規ブックを作成する	2
文字や数値を入力する	3
ブックを保存する	5
数式を入力する	6
関数で合計を求める	8
表の体裁を整える	9

Lesson2　見やすく使いやすい表にする編集操作　　16

列幅を調整する	17
表の構成を変更する	18
セルを結合する	21
文字列を縦書きや折り返して表示する	22
表を見やすくする	23
ページレイアウトを設定する	26

Lesson3　数式・関数を活用した集計表の作成　　30

相対参照と絶対参照	31
平均を求める	34
最大値・最小値を求める	36
端数を四捨五入する	38
条件で値を判定する	40
複数の条件で値を判定する	41

Lesson4　表示形式や関数を活用した表の作成　　47

日付の表示形式を設定する	48
データの個数を求める	50
ふりがなを表示する	52
順位を付ける	54
条件を組み合わせて値を判定する	55
セルにメモを付ける	58

Lesson5　定型の表を作成する操作　　61

シートを切り替える	62
シートの数や名前を変更する	63
セルに入力できる値を制限する	64
品名や価格を自動入力する	66
シート内のデータを保護する	70
シートの構成を保護する	71

Lesson6　グラフの基本　　75

グラフを作成する	76
グラフの位置やサイズを変更する	79
グラフのタイトルを入力する	81
グラフに軸ラベルを追加する	82

	目盛の設定を変更する	85
	グラフ要素の書式を変更する	86

Lesson7	**目的に応じたグラフの作成と編集**	**90**
	目的に合ったグラフを作成する	91
	円グラフを作成する	92
	複合グラフを作成する	95
	いろいろなグラフを作成する	98
	図形でわかりやすさをアップさせる	103

Lesson8	**データベース機能の利用**	**108**
	データベースとは	109
	データを入力しやすくする	110
	データを検索・置換する	112
	データを並べ替える	113
	ウィンドウ枠の固定機能を利用する	115
	改ページ位置や日付を設定する	116

Lesson9	**データの抽出**	**122**
	テーブルを作成する	123
	テーブルに集計行を追加する	126
	簡単にデータを抽出する	128
	いろいろな条件でデータを抽出する	131
	詳細な条件でデータを抽出する	133

Lesson10	**条件を指定した集計・分析**	**137**
	条件に合うデータの個数を求める	138
	条件に合うデータの合計を求める	140
	条件に合うセルに書式を設定する	141
	数値の大小をデータバーで表す	143
	新しい条件付き書式ルールを作成する	144

Lesson11	**ワークシート間の集計**	**148**
	シートをコピーする	149
	複数のシートを同時に編集する	151
	別のシートのデータを利用する	152
	複数のシート間で合計を求める	153
	データの並び方や位置が異なる表を集計する	155

Lesson12	**集計作業の自動化**	**159**
	テキストファイルを取り込む	160
	データを自動集計する	164
	ピボットテーブルを作成する	166
	ピボットテーブルのデータをグループ化する	169
	ピボットテーブルの集計方法を変更する	171

	総合問題	175
	索引	182

(7)

Lesson 1 表作成の基本操作

Excelは表計算を行うためのアプリケーションです。この計算機能を使用するためには、セルと呼ばれるマス目にデータや数式を入力して、表を作成する必要があります。作成した表は、文字のフォントやフォントサイズ、罫線、セルの背景色などの書式を設定して、表の体裁を整えることもできます。ここでは、表作成の基本となる操作を学習します。

キーワード

- □□ブック
- □□オートフィル
- □□名前を付けて保存
- □□上書き保存
- □□ブックを開く
- □□数式
- □□セル参照
- □□SUM関数
- □□引数
- □□フォント・フォントサイズ・フォントの色
- □□太字・斜体・下線
- □□罫線
- □□セルの背景色
- □□セル内のデータの配置
- □□3桁区切り

このレッスンのポイント

▶ 新規ブックを作成する
▶ 文字や数値を入力する
▶ ブックを保存する
▶ 数式を入力する
▶ 関数で合計を求める
▶ 表の体裁を整える

完成例（ファイル名：コーヒー豆売上.xlsx）

	A	B	C	D	E
1	コーヒー豆売上表			日付	4月25日
2					
3	品番	商品名	価格	数量	金額
4	C-01	マイルド	580	110	63,800
5	C-02	モカ	650	80	52,000
6	C-03	ロイヤル	800	85	68,000
7	C-04	ブルマン	800	70	56,000
8	C-05	コナ	900	90	81,000
9					
10				合計金額	¥320,800
11					
12					

●表作成のポイント

- ・表を作成する前に、行／列の構成や項目名、必要なデータなど、表全体のおおまかな完成イメージを決めておきます。表の構成を考える際、「商品名」や「価格」などの項目名は「列」、1件ずつ追加するデータは「行」に割り当てるとよいでしょう。
- ・Excelでは、セルに入力したデータを数式で計算することができます。データを入力する項目と数式で求める項目を使い分けましょう。
- ・データの種類（文字や数値、日付）によって、セルへの入力方法が少し異なります。データの特性を理解して、効率よくデータを入力しましょう。
- ・罫線やセルの色などの書式は、文字や数値をひととおり入力したあとに設定しましょう。表全体のイメージを確認しながら、表の体裁を整えることができます。全体のバランスに注意し、過度な装飾は避けましょう。

1

新規ブックを作成する

Excelでは、ファイルのことを「ブック」と呼びます。Excelを起動するとスタート画面が表示されます。[空白のブック]を選択すると新規ブックが開き、マス目で区切られたシートが表示されます。このシートを「ワークシート」と呼び、初期設定では1つのブックに1枚のワークシートが用意されています。また、ワークシートのマス目を「セル」と呼び、Excelではセルに文字や数値、数式などを入力して表を作成します。

●Excelの起動、新規ブックの作成

Excelを起動、新規ブックを作成するには、次のように操作します。

1. Excelを起動します。スタート画面が表示されます。
2. [空白のブック]をクリックすると、新規ブックが表示されます。

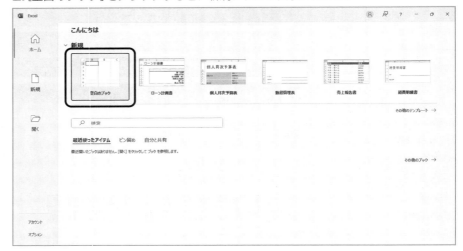

●表作成の流れ

Excelで表を作成するときの基本的な流れは、次のようになります。

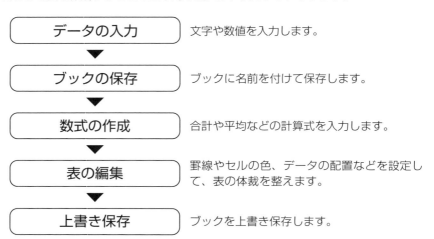

ワークシート
本書では、基本的に「シート」と表記しています。

[ファイル]タブを使った新規ブックの作成
Excelのウィンドウが表示されている状態で、別の新規ブックを作成したい場合は、[ファイル]タブをクリックし、Excelのホーム画面から[新規]の[空白のブック]をクリックします。テンプレートを使用する場合は、テンプレートを選択して作成します。

上書き保存について
表を作成しているときは、こまめに上書き保存しましょう。何らかのトラブルでExcelが強制終了しても、保存しておけば安心です。

表の利用
作成した表のデータを基に、いろいろな種類のグラフを作成することもできます。

文字や数値を入力する

表を作成するには、まず表に必要な文字や数値をセルごとに入力します。目的のセルにカーソルを移動したあと、データを入力して確定すると、文字列はセル内で左詰め、数値や日付は右詰めで表示されます。また、連続データは、「オートフィル」を使うと効率よく入力できます。

オートフィル
オートフィルとは、1、2、3…のように連続した数値を自動的に入力できる機能です。

●データを入力する前に
データ入力に必要な名称を次の画面で確認しておきましょう。

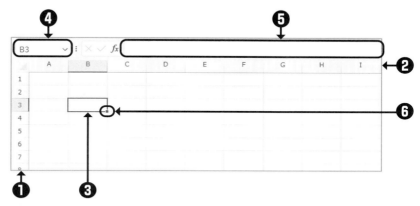

❶行番号：行の位置を表す番号
❷列番号：列の位置を表す番号
❸アクティブセル：選択中で操作対象になるセル
❹名前ボックス：アクティブセルのセル番地が表示される
❺数式バー：アクティブセルに入力しているデータや数式が表示される
❻フィルハンドル：ドラッグすると、連続データを入力したり、数式をコピーしたりすることができる

セル番地
「セル番地」とは、列番号と行番号で表したセルの位置のことです。

●文字や数値の入力
漢字やひらがなを入力するときは日本語入力システムの日本語入力モードをオン（あ）、数値や英数字、数式、記号などを入力するときはオフ（A）にしておきます。日本語入力モードのオン/オフを切り替えるには、**半角/全角**キーを押します。オン/オフの状態は、タスクバーの右側にあるアイコンで確認しましょう。

入力モードの切り替え
日本語入力モードの切り替えは、タスクバーの右側にあるアイコンをクリックしても切り替えることができます。

また、日本語入力システムがオンのときは、文字の確定とセル入力の確定のために、**Enter**キーを2回押す必要があります。

データの修正
確定後、入力したデータの一部を修正するには、目的のセルをダブルクリックしてセル内にカーソルを表示して、修正します。

1. 次の画面を参考に、文字や数値を入力します。

	A	B	C	D	E	F
1	コーヒー豆売上表					
2						
3	品番	商品名	価格	数量	金額	
4		マイルド	580	110		
5		モカ	650	80		
6		ロイヤル	800	85		
7		ブルマン	800	70		
8		コナ	900	90		

> **活用**
>
> **Enter**キーで確定すると、初期設定ではアクティブセルは下のセルに移動します。**Enter**キーの代わりに**Tab**キーを使うと、アクティブセルは右のセルに移動します。項目名だけ、横方向にまとめて入力したいときは、**Tab**キーで移動すると便利です。
> データをまとめて複数のセルに入力する場合は、あらかじめ入力するセルを範囲選択してから入力するとよいでしょう。データを入力して**Enter**キーを押すと、選択範囲内で次のセルに移動するので、効率よく入力できます。

そのまま表示するには
「4/25」のように、入力したまま表示するには、データの先頭に「'(シングルクォーテーション)」を付けて入力します。入力したデータは文字列として扱われます。

日付の入力
ここでは、2024年に入力した場合の画面になっています。年数を省略すると、入力したときの年数が自動的に追加されます。

入力できる連続データ
オートフィルでは、日付や時刻などの規則性のある値や、「1班」のように文字列と数値を組み合わせた値の連続データを入力できます。

● 日付の入力

スラッシュ（/）またはハイフン（-）で区切られた数値データは、自動的に日付データとして入力されます。ここでは、セルD1に「日付」と入力したあと、セルE1に「4月25日」と入力しましょう。

1. セルD1に「日付」と入力します。
2. セルE1に「4/25」と入力し、**Enter**キーを押します。
3. 「4月25日」と表示されます。

● 連続データの入力

オートフィルを使って、ここではセルA4～A8に「C-01」から「C-05」までを順に入力しましょう。

1. セルA4に「C-01」と入力後、再度セルA4をクリックします。
2. セルA4の右下にあるフィルハンドルをポイントし、マウスポインターの形が＋に変わったらセルA8までドラッグします。
3. セルA5～A8に「C-02」から「C-05」が入力されます。

> **活用**
>
> 数値だけが入力されている単一のセルを基にオートフィルを使うと、同じ数値が入力されます。オートフィルの操作後に表示される[オートフィルオプション]ボタンをクリックし、一覧から[連続データ]をクリックすると、連続した値に変更できます。また、書式のみ、書式なしのコピー、フラッシュフィルも選択できます。フラッシュフィルは、データの横に結果の候補を入力すると、その候補と同じパターンでデータを自動入力できます。適切に自動入力されない場合は、訂正しましょう。

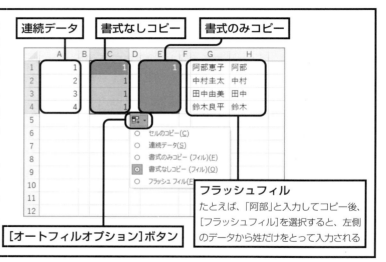

フラッシュフィル
たとえば、「阿部」と入力してコピー後、[フラッシュフィル]を選択すると、左側のデータから姓だけをとって入力される

ブックを保存する

作成したブックには、わかりやすい「名前を付けて保存」します。Windows 11にMicrosoftアカウントでサインインしている場合は、保存の操作を行うと、初期設定ではOneDriveが保存先として表示されます。OneDriveはマイクロソフト社が提供している無料で使えるWeb上のデータ管理サービスです。本書では、OneDriveではなく、使用しているコンピューターのハードディスクに保存します。

●ブックの保存
ここでは、[保存用]フォルダーに「コーヒー豆売上」という名前を付けてブックを保存しましょう。

1. [ファイル]タブをクリックし、[名前を付けて保存]をクリックします。
2. 保存するフォルダーを指定します。
3. [名前を付けて保存]ダイアログボックスが表示されたら、[ファイル名]ボックスに「コーヒー豆売上」と入力し、[保存]をクリックします。

ファイルの保存先
ファイルの保存先として一般的な[ドキュメント]を表示したいときは、ダイアログボックスの左側にあるナビゲーションウィンドウで[ドキュメント]をクリックします。

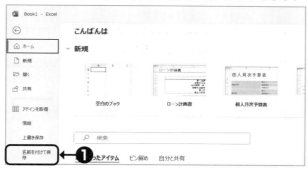

ファイルの管理
ファイルは、作成した内容ごとにフォルダーを作成し、その中に分類していきます。すぐに保存先がわかって効率的に作業ができます。フォルダーを作成するには[新しいフォルダー][新しいフォルダー]ボタンをクリックします。

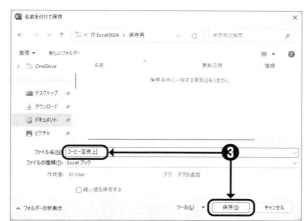

4. ブックが[保存用]フォルダーに「コーヒー豆売上」という名前で保存されます。ブックに名前を付けて保存すると、タイトルバーにそのブックの名前が表示されます。

●上書き保存
一度保存したブックに編集を加えたあと、「上書き保存」して更新する場合は、 [上書き保存]ボタンをクリックします。操作ミスや停電など予期せぬトラブルでブックファイル自体やブックの内容が失われることもあるので、こまめに上書き保存する習慣を身に付けましょう。

最近使ったブック
[開く]画面の右側には、最近使用したブックの一覧が表示されます。目的のブックがここにある場合はクリックするとすぐに開きます。

ファイルの場所の指定
たとえば、[ドキュメント]内のフォルダーを指定する場合は、ダイアログボックスの左側にあるナビゲーションウィンドウの[ドキュメント]をクリックし、一覧の中から目的のフォルダーをダブルクリックします。

●ブックを閉じる
Excelを起動したまま、開いているブックだけを閉じる場合は、[ファイル]タブをクリックし、[その他]の[閉じる]（または[閉じる]）をクリックします。
Excelを終了する場合は、画面右上の ✕ 閉じるボタンをクリックします。

●ブックを開く
保存した「ブックを開く」場合は、次の操作を行います。

1. [ファイル]タブをクリックし、[開く]をクリックします。
2. 開くファイルが保存されている場所を指定します。
3. [ファイルを開く]ダイアログボックスが表示されたら、一覧から開きたいブックをクリックして[開く]をクリックします。

活用

ブックを配布する場合は、配布先の相手が開くことのできるファイル形式で保存する必要があります。Excelがインストールされている環境であれば、上記の「ブックを開く」の手順で保存したブックを開けます。相手の環境にExcelがインストールされていない場合は、Adobe Readerで表示できるPDF形式にするなど、相手に合わせたファイル形式で保存しましょう。計算式などを変更されたくない場合は、PDF形式で保存して相手に配布すると、内容を改ざんされず、セキュリティの面でも役立ちます。

●PDF形式で保存する
1. [ファイル]タブをクリックし、[名前を付けて保存]をクリックします。
2. 保存するフォルダーを指定します。
3. [名前を付けて保存]ダイアログボックスで、ファイルの保存場所を確認し、ファイル名を指定します。
4. [ファイルの種類]ボックスをクリックし、[PDF]をクリックして、[保存]をクリックします。
※ Windows 11では、OSにPDFが作成できる機能があります。[ファイル]タブの[印刷]をクリックして[プリンター]の一覧で[Microsoft Print to PDF]を選択し、[印刷]をクリックします。[印刷結果を名前を付けて保存]ダイアログボックスが表示されたら、ファイル名を指定して[保存]をクリックします。

数式を入力する

四則演算子
数式の入力には、次の演算子を使用します。
＋ 足し算
－ 引き算
＊ 掛け算
／ 割り算

「数式」を使うと、セルに入力したデータを含めて、いろいろな計算をすることができます。Excelは等号（＝）で始まるデータを数式として認識します。セルに入力している数値を計算するには、「＝B3+C3」のようにセル番地で指定します。このように、計算に数値ではなく、直接セル番地を指定することを「セル参照」といいます。セル参照を使った数式は、参照するセルの値が変わると自動的に再計算され、計算結果が更新されます。またコピーすると、コピー先に合わせてセル参照が調整されるので、セルごとに数式を入力する手間を省くことができます。

●セル参照を使用した数式の入力

ここでは、「価格」と「数量」を掛けて「金額」を求める数式を入力しましょう。

1. セルE4に「＝」と入力します。
2. セルC4をクリックします。セルE4に「＝C4」と表示され、セルC4が点滅する点線で囲まれます。
3. 「*」を入力し、セルD4をクリックします。
4. セルE4と数式バーに「＝C4*D4」と表示されたことを確認し、**Enter**キーを押します。

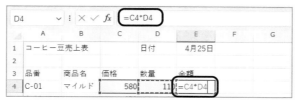

5. セルE4に計算結果（63800）が表示されます。

●数式のコピー

セル参照を使用した数式をコピーすると、数式と参照するセルとの相対的な位置関係が保たれた状態で、セル参照が自動的に更新されます。ここでは、オートフィルを使って、セルE4に入力した数式をセルE5～E8にコピーしましょう。

1. セルE4をクリックします。
2. セルE4の右下にあるフィルハンドルをポイントし、マウスポインターの形が＋に変わったらセルE8までドラッグします。
3. セルE5～E8に数式がコピーされ、計算結果が表示されます。

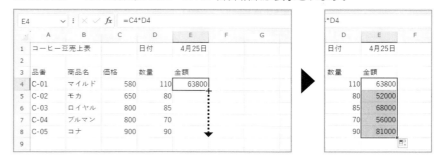

セル番地の入力
セル番地を直接入力することもできます。その際、たとえば「＝C」と入力すると「C」で始まる関数の一覧が表示されます。セル番地を入力するときは、そのまま続きを入力します。

数式の確認
数式を入力したセルには、計算結果が表示されます。数式は、目的のセルを選択して、数式バーで確認します。

セル参照の種類
セル参照には「相対参照」や「絶対参照」などの種類があり、ここで紹介しているのは相対参照です。

数式の修正
数式の入力されたセルをダブルクリックすると、参照先のセルが色付きの枠で表示されます。数式が誤っていないかどうかを確認する1つの手段にもなるので覚えておきましょう。誤った数式を修正するには、セル内をダブルクリックするか、数式バーをクリックして修正し、**Enter**キーを押します。

活用

Excel 2021から「スピル」という機能が追加されています。スピルは、数式に「配列」を使うことでまとめて結果を反映できる機能です。従来、配列数式を利用する場合、数式を入力後、**Ctrl**+**Shift**+**Enter**キーで確定して、数式全体を{ }で囲む必要がありました。スピルを利用すれば、配列数式を入力後、確定するだけで、隣接するセルにまとめて入力できます。

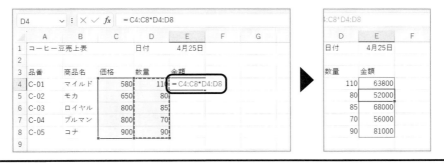

関数で合計を求める

Excelには、いろいろな計算やデータ処理を効率よく行うための「関数」という機能があります。ここでは、合計を求める「SUM関数」を使って説明します。

●関数とは

Excelには450以上の関数があり、関数ごとに特定の計算やデータ処理が定義されています。ここで説明するSUM関数は合計を求める関数です。数式に「=SUM(B3：D4)」と指定すると、セルB3～D4の値の合計を求めます。

よく使われる関数

平均はAVERAGE関数を使用します。最大値や最小値などを求める関数もあります。これらのよく使用される関数は[Σ▼][合計]ボタンの▼をクリックすると表示されます。

関数の引数

引数の内容は、関数によって異なります。関数ごとに決められた書式に従って指定します。

●関数の書式

関数を使用するには、「=」に続けて関数名と「引数（ひきすう）」を半角で入力します。引数には、関数の処理に必要な値やセル、セル範囲、文字列などを指定して、全体を「()」で囲みます。

```
= SUM (B3 : D4)
  関数名   引数
```

[合計]ボタン

[Σ▼][合計]ボタンを使ってSUM関数を自動入力できます。[数式]タブの[Σ SUM][オートSUM]ボタンでも、同様にSUM関数を入力できます。

●SUM関数の入力

関数の入力方法はいくつかありますが、SUM関数は[ホーム]タブの[Σ▼][合計]ボタンを使うと簡単に入力できます。ここではセルD10に「合計金額」と入力したあと、[Σ▼][合計]ボタンを使って、セルE10に「金額」の合計を求めましょう。

その他の入力方法
・数式を直接入力する
・[数式]タブの[関数ライブラリ]を使う

配列数式

SUM関数の引数を配列数式で入力すると、それぞれの金額を計算せずに、合計金額をすぐに計算できます。

1. セルD10に「合計金額」と入力します。
2. セルE10をクリックし、[ホーム]タブの[Σ▼][合計]ボタンをクリックします。SUM関数の数式が表示され、計算対象のセル範囲に点滅する点線が表示されます。
3. セルE4～E8を範囲選択して、計算対象のセル範囲を修正します。
4. SUM関数の数式が正しいことを確認して、**Enter**キーを押して確定します。[Σ▼][合計]ボタンを再度クリックしても、数式を確定できます。
5. セルE10に合計（320800）が求められます。

活用

$\boxed{\Sigma\cdot}$[合計]ボタンを使うと、複数のセルにまとめて数式を入力できます。次のように複数のセルを範囲選択した状態で$\boxed{\Sigma\cdot}$[合計]ボタンをクリックすると、選択したそれぞれのセルにSUM関数の数式が入力され、合計の値が表示されます。

縦横の合計をまとめて求めるときは、次のように計算対象の数値を含めて選択した状態で、$\boxed{\Sigma\cdot}$[合計]ボタンをクリックします。

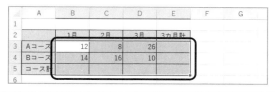

活用

数式で参照しているセルやセル範囲は、マウス操作で変更することもできます。セルをダブルクリックして数式を編集可能な状態にすると、参照しているセルやセル範囲に色付きの枠が表示されます。参照するセル範囲を変更するには、枠の隅をポイントして、マウスポインターの形が↘や↗に変わったらドラッグします。修正が済んだら、**Enter**キーを押して確定します。

表の体裁を整える

表の体裁を整えるには、文字を強調したり、セルに罫線や色などを設定したりします。文字を強調したいときは、「フォント」(文字の書体)や「フォントサイズ」(文字の大きさ)を変更します。「太字」、「斜体」、「下線」、「フォントの色」なども設定できます。
表をわかりやすくするには、「罫線」や「セルの背景色」などの書式を設定し、「セル内のデータの配置」を整えます。たとえば表の見出しを目立たせるには、セルに色を付けて、セルの中央に文字を配置します。また、数量や金額などの数値データを「3桁区切り」で表示したり、先頭に「¥」(通貨記号)を付けたりします。

●フォントとフォントサイズの設定

ここでは、セルA1の文字のフォントをHG丸ゴシックM-PRO、フォントサイズを14ポイントに設定しましょう。

1. セルA1をクリックします。
2. [ホーム]タブの [游ゴシック ▼] [フォント]ボックスの▼をクリックし、一覧から[HG丸ゴシックM-PRO]をクリックします。フォントが変更されます。
3. [ホーム]タブの [11 ▼] [フォントサイズ]ボックスの▼をクリックし、一覧から[14]をクリックします。フォントサイズが変更されます。

元に戻す
入力や編集の操作を間違ったときは、[ホーム]タブの[う・][元に戻す]ボタンをクリックします。クリックするごとに、直前に行った操作を1操作ずつ取り消すことができます。

フォントサイズの単位
フォントサイズは「ポイント」(pt)という単位で指定します。

リアルタイムプレビュー
一覧のフォントやサイズにマウスポインターを合わせると、選択している文字が一時的にその内容で表示され、設定後のイメージを確認できます。設定する前にイメージを確認しましょう。

活用

A˘ [フォントサイズの拡大]ボタンや A˘ [フォントサイズの縮小]ボタンでも、文字の大きさを変更できます。また、目的のフォントサイズが一覧にない場合、 11 ▼ [フォントサイズ]ボックス内をクリックし、数値を入力して**Enter**キーを押します。

●太字の設定

ここでは、セルA1の文字を太字に設定しましょう。

太字の解除
太字を解除するには、セルを選択して B [太字]ボタンを再度クリックします。斜体や下線の解除方法も同様です。

1. セルA1が選択されていることを確認し、[ホーム]タブの B [太字]ボタンをクリックします。文字が太字で表示されます。

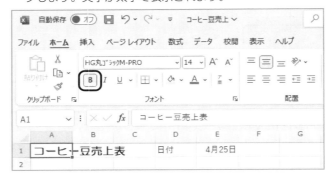

●斜体、下線の設定

文字を斜体にするには、同様の操作で[ホーム]タブの I [斜体]ボタンをクリックします。下線を付けるには、[ホーム]タブの U ▼ [下線]ボタンの▼をクリックし、一覧から下線の種類を選択します。

活用

文字の色や取り消し線など、その他の文字の書式は、次の方法で設定します。
・文字色を設定するには、セルを選択してから[ホーム]タブの A ▼ [フォントの色]ボタンの▼をクリックし、一覧から目的の色をクリックします。
・取り消し線や上付き、下付きを設定するには、セルを選択してから[ホーム]タブの[フォント]グループ右下の [フォントの設定]ボタンをクリックし、[セルの書式設定]ダイアログボックスを表示します。[フォント]タブで[取り消し線]、[上付き]、[下付き]のチェックボックスをオンにして、[OK]をクリックします。
・[セルの書式設定]ダイアログボックスの[フォント]タブを使うと、複数の書式をまとめて設定できます。また、[下線]ボックスの▼をクリックすると、会計用の下線も設定できます。

複数のセル範囲の選択

複数のセル範囲を選択するには、**Ctrl**キーを押しながら、2つ目以降のセルやセル範囲を選択します。

[罫線]ボタン

[罫線]ボタンの表示は、直前に選択した線種やコマンドに変更されます。

罫線の消去

罫線を消去するには、一覧から[枠なし]を選択します。

いろいろな罫線

二重罫線以外の線種を引いたり、線の色を変えたりすることもできます。変更するには、[罫線]ボタンの一覧から選択するか、[セルの書式設定]ダイアログボックスの[罫線]タブで指定します。

● 罫線の設定

ここでは、セルA3～E8とセルD10～E10に格子状の罫線、セルA3～E3に下二重罫線を設定しましょう。

1. セルA3～E8を範囲選択し、**Ctrl**キーを押しながらセルD10～E10を範囲選択します。

2. [ホーム]タブの [罫線]ボタンの▼をクリックし、一覧から[格子]をクリックします。選択したセル範囲に格子状の罫線が設定されます。
3. セルA3～E3を範囲選択します。
4. [ホーム]タブの [罫線]ボタンの▼をクリックし、一覧から[下二重罫線]をクリックします。選択したセル範囲の下側が二重罫線に変わります。

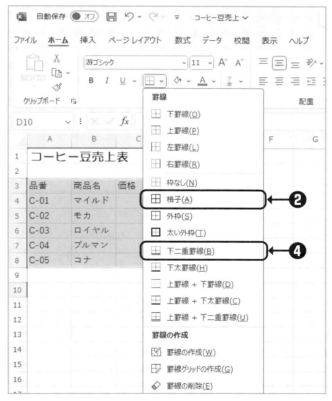

背景色の解除
背景色を解除するには、一覧から[塗りつぶしなし]を選択します。

テーマの変更
Excel 2024では、専用のテーマが用意されています。旧バージョンと配色が異なるので注意しましょう。異なるバージョンで作成したファイルをExcel 2024で開くと、そのバージョンの配色が優先されています。Excel 2024用のテーマに変更するには、[ページレイアウト]タブの[テーマ]ボタンをクリックし、一覧から[Office]をクリックします。

設定後の色の確認
Excel 2024では、色を選択すると、選択後の色がポップヒントで確認できます。

●セルの背景色の設定

セルに色を付けるには、塗りつぶしの色を設定します。ここでは、セルA3～E3とセルD10の背景色に「テーマの色」の「緑、アクセント6、白＋基本色60％」を設定しましょう。

1. セルA3～E3を範囲選択し、**Ctrl**キーを押しながらセルD10をクリックします。
2. [ホーム]タブの[塗りつぶしの色]ボタンの▼をクリックし、一覧から「緑、アクセント6、白＋基本色60％」（上から3番目、右端）をクリックします。選択したセル範囲に指定した背景色が設定されます。

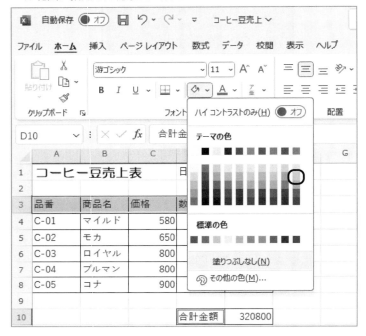

活用

[ホーム]タブの[塗りつぶしの色]ボタンをクリックすると、色の一覧に[ハイコントラストのみ]というフィルターが追加されています。オンにすると、コンテンツを読みやすくするための色のみが選択できるようになります。作成した内容に合わせて、見やすくわかりやすい書式を選択するように心がけましょう。

●セル内のデータの配置
セル内のデータの配置を整えるには、[ホーム]タブの[配置]の次のボタンを使います。

ここでは、セルD1の文字列「日付」を右揃え、セルA3～E3、セルD10の項目名を中央に配置しましょう。

1. セルD1をクリックし、[ホーム]タブの[右揃え]ボタンをクリックします。セル内で文字列が右詰めで表示されます。
2. セルA3～E3を範囲選択し、**Ctrl**キーを押しながらセルD10をクリックします。
3. [ホーム]タブの[中央揃え]ボタンをクリックします。各セル内で文字列が中央に表示されます。

配置の設定
セル内でデータを左詰めで配置するには、同様の操作で[左揃え]ボタンをクリックします。セルに収まらない文字については、文字を縦書きにしたり、折り返して表示することもできます。

配置の設定の解除
配置の設定を解除するには、セルを選択してから解除する配置のボタンをクリックします。

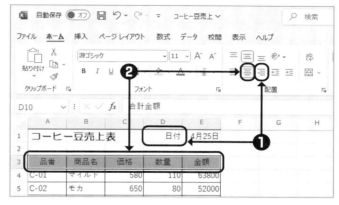

活用

セルのスタイル機能には、フォントやフォントサイズ、罫線、塗りつぶしなどの複数の書式がまとめられています。書式設定に時間がかからず、スタイルの設定後も一部の書式を変更することができるので、効率的に作業できます。
定義されているスタイルをセルに適用するには、セルを選択してから[ホーム]タブの[セルのスタイル]ボタンをクリックし、一覧から目的のスタイルを選択します。

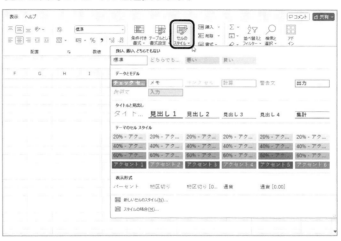

●3桁区切りや「¥」(通貨記号)の表示

ここでは、セルE4～E8とセルE10の数値を3桁ごとに「,」で区切り、セルE10の数値には先頭に「¥」を表示しましょう。

通貨の表示形式

3桁区切りの数値には、自動的に通貨の表示形式が適用されます。元の表示形式に戻すには、[ホーム]タブの[数値の書式]ボックスの▼をクリックし、一覧から[標準]をクリックします。

1. セルE4～E8を範囲選択し、[ホーム]タブの [桁区切りスタイル]ボタンをクリックします。「,」が表示されます。
2. セルE10をクリックし、[ホーム]タブの [通貨表示形式]ボタンをクリックします。数値が「,」で区切られ、先頭に「¥」が表示されます。

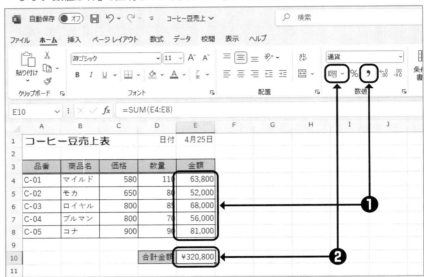

3. [上書き保存]ボタンをクリックして、ブックを上書き保存します。

活用

セルを選択してDeleteキーを押しても、セルの背景色やデータの配置など、セルに設定されている書式は削除されません。すべての書式をまとめて解除するには、セルを選択してから[ホーム]タブの [クリア]ボタンをクリックし、一覧から[書式のクリア]をクリックします。一覧の[すべてクリア]を選択すると、データもまとめて削除できます。

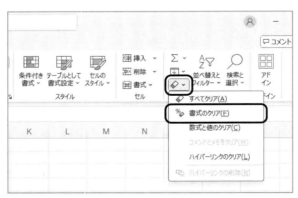

練習問題

■1 入力内容を参考に、データを入力してください。
入力内容

	A	B	C	D	E	F	G
1	学園祭売上集計						
2						作成日:	11月8日
3	催し	1日目			合計	売上目標	差額
4	展示即売	24600	28400	30200		80000	
5	カフェ	11500	13200	13700		30000	
6	屋台	8600	8200	7900		25000	
7	茶席	4000	4600	3800		12000	
8	バザー	7800	8500	6900		30000	
9							
10	売上合計						

■2 セルC3に「2日目」、セルD3に「3日目」と入力しましょう。
■3 セルA1にフォント「HGPゴシックE」、フォントサイズ「16」を設定しましょう。
■4 セルA3～G8とセルA10～B10に格子状の罫線、セルA3～G3に下太罫線を設定しましょう。
■5 見出しと「売上合計」のセルの背景色に「テーマの色」の「濃い青緑、アクセント1、白＋基本色60％」を設定し、3行目と売上合計の見出しをセルの中央に配置しましょう。
■6 SUM関数を使って、「合計」と「売上合計」を求めましょう。
■7 「差額」は「売上目標－合計」を入力して求めましょう。
■8 数値に「3桁区切り」、「売上合計」と「差額」の数値に「￥付きの3桁区切り」を設定しましょう。
■9 [保存用]フォルダーに、ブックを「E-L01-01」という名前で保存しましょう。

■1 ブック「E-L01-02_入力済.xlsx」を開きましょう。
ブック内容

	A	B	C	D	E	F	G	H	I
1	上半期売上一覧								
2									単位（千円）
3	社員番号	社員名	4月						合計
4	No101	浅田一馬	1250	1340	1130	1570	1400	1280	
5		佐藤博之	1580	1280	1470	1360	1330	1500	
6		中村和子	1320	1230	1300	1410	1270	1160	
7		広山瞬	1540	1250	1440	1380	1410	1280	
8		高橋由美	950	1020	1190	1270	1050	1360	
9	合計								
10									

■2 セルD3～H3に「5月」～「9月」と入力しましょう。
■3 セルA5～A8に、書式を変更せずに「No102」～「No105」を入力しましょう。
■4 SUM関数を使って、縦横の「合計」を一度に求めましょう。
■5 数値データに「3桁区切り」を設定しましょう。
■6 見出しのセルを「テーマのセル　スタイル」の「緑、アクセント6」に変更しましょう。
■7 [保存用]フォルダーに、ブックを「E-L01-02」という名前で保存しましょう。

Lesson 2　見やすく使いやすい表にする編集操作

思いどおりに表を作成するには、列幅を変更したり、セルを結合したり、いろいろな編集操作をマスターしておく必要があります。見やすいように表の体裁を整えることも大切です。ここでは、表のレイアウトを整える操作やテクニックを学習します。

キーワード

- □□行の高さ
- □□列幅
- □□コピー・移動
- □□行や列の挿入・入れ
  　替え・削除
- □□行や列の移動
- □□セルの結合
- □□文字列の縦書き
- □□文字列の折り返し
- □□罫線の線種
- □□斜線
- □□ページレイアウト
- □□印刷プレビュー

このレッスンのポイント

▶ 列幅を調整する

▶ 表の構成を変更する

▶ セルを結合する

▶ 文字列を縦書きや折り返して表示する

▶ 表を見やすくする

▶ ページレイアウトを設定する

完成例（ファイル名：学園祭の来場者数.xlsx）

分類	開催内容	日程			合計	開催場所	担当	備考
		1日目	2日目	3日目				
イベント	落語	90	100	120	310	223教室	落研	午前と午後の2回開催、2回分の合計
	ライブステージ	150	160	180	490	ホール	軽音楽部	
	講演会		250	288	538	講堂	マスコミ研究会	
	パネルディスカッション	65	78	90	233	110教室	雄弁クラブ	
	フリーマーケット		150	190	340	中庭	運営委員会	正確な人数は測定不能のため、おおよその人数を計上

■学園祭の来場者数

列幅を調整する

「行の高さ」はセルに入力したデータのフォントサイズによって自動的に調整されますが、「列幅」は文字量に合わせて手動で広げたり、狭めたりする必要があります。複数の列の列幅をまとめて変更したり、列内の最も長い文字列に合わせて自動調整したりすることもできます。

●**列幅の変更**
ここでは「開催内容」の列を23.00、「1日目」～「3日目」の各列を7.00に変更しましょう。「備考」の列は、列内の最も長い文字列に合わせて自動調整します。

1. 次の画面を参考に、A～C列に文字を入力します。C列に文字列を入力すると、B列のセルに収まらない文字列は表示されなくなります。

2. 列番号Bの右の境界線をポイントし、マウスポインターの形が ✣ に変わったら右方向に「23.00」と表示されるまでドラッグします。

3. B列の列幅が23.00に広がり、入力した文字列がすべて表示されます。
4. 次の画面を参考に、セルD2～H2とセルH3に文字を入力します。

5. 列番号D～Fを範囲選択します。選択範囲内のいずれかの列番号の境界線をポイントし、マウスポインターの形が ✣ に変わったら左方向に「7.00」と表示されるまでドラッグします。
6. D～F列の列幅がすべて7.00になります。

列幅や高さの数値
列幅や高さを変更すると、数値がポップヒントで表示されます。正確な数値で変更したい場合は、このポップヒントを確認しながら変更します。

行・列単位の選択
行または列を選択するには、行番号や列番号をクリックします。ドラッグすれば、複数の行や列を選択できます。

数値による列幅の指定
列幅の数値を直接指定して変更することもできます。目的の列の列番号を右クリックしてショートカットメニューの[列の幅]をクリックし、[セルの幅]ダイアログボックスで数値を入力します。

行の高さの変更
行の高さを手動で変更することもできます。

17

7. 列番号Hの右の境界線をポイントし、マウスポインターの形が✤に変わったらダブルクリックします。
8. 「午前と午後の2回開催、2回分の合計」に合わせて列幅が変更されます。

9. 作成したブックを「学園祭の来場者数」という名前で、[保存用]フォルダーに保存します。

活用

列内の特定の文字列に合わせて、列幅を自動調整することもできます。たとえば、下の画面のような場合、A列の右の境界線をダブルクリックすると文字列「■学園祭の来場者数」に合わせて列幅が自動調整されてしまいます。文字列「分類」に合わせて列幅を自動調整するには、セルA3を選択したあと、[ホーム]タブの[書式]ボタンをクリックし、一覧から[列の幅の自動調整]を選択します。
また、数値がセルに収まらない場合は、「####」のような表示になる場合があります。列幅を変更して、すべてが表示されるようにすれば入力どおりに表示されます。

表の構成を変更する

データを入力したセルは、セル単位で「コピー」、「移動」することができます。データを別の箇所に表示したいときは、セルを移動するとよいでしょう。作成した表の構成を変えたいときは、後から行や列を「挿入」したり、「入れ替え」たりすることもできます。

●セルの移動

セルに入力したデータは、マウス操作（ドラッグ＆ドロップ）でコピー・移動することができます。ここでは、セルA1のデータをセルA3に移動しましょう。

1. セルA1をクリックします。
2. 選択したセルの外枠にマウスポインターを合わせ、マウスポインターの形が✥に変わったらセルA3までドラッグします。

セルのコピー
データをコピーするには、**Ctrl**キーを押しながら移動先までドラッグし、マウスのボタンを離してから、**Ctrl**キーを離します。

> **活用**
>
> [ホーム]タブの [切り取り]、 [コピー]、 [貼り付け]の各ボタンを使って、データを移動・コピーすることもできます。移動先が離れているときや、同じデータを繰り返し貼り付けたいときに使うと便利です。データを移動するには、目的のセルを選択してから [切り取り]ボタンをクリックし、移動先で [貼り付け]ボタンをクリックします。コピーは、[切り取り]ボタンの代わりに [コピー]ボタンをクリックします。コピー元のセルに点滅する点線が表示されている間は、同じデータを繰り返し貼り付けることができます。セルの点滅を解除するには、**Esc**キーを押します。
>
> また、ショートカットキーを利用しても、同様の操作ができます。切り取りは**Ctrl**+**X**キーを、貼り付けは**Ctrl**+**V**キーを、コピーは**Ctrl**+**C**キーを押します。ショートカットキーはExcel以外でもWindows上の多くのアプリケーションで使用することができるので、覚えておくとよいでしょう。
>
> Excel 2024では、**Ctrl**+**Shift**+**V**キーを押すことで、値のみを貼り付けることができます。

●行や列の挿入

ここでは4行目(「イベント」の下)とD列(「開催場所」の右)に、新しい行または列をそれぞれ挿入しましょう。

1. 行番号4を右クリックし、ショートカットメニューの[挿入]をクリックします。
2. 指定した位置に新しい行が挿入されます。
3. 挿入した行の「開催内容」に「ライブステージ」、「開催場所」に「ホール」と入力します。

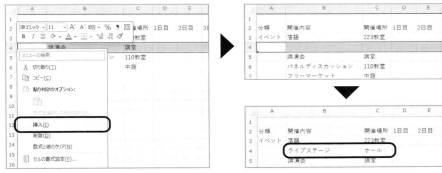

4. 列番号Dを右クリックし、ショートカットメニューの[挿入]をクリックします。
5. 指定した位置に新しい列が挿入されます。

6. 次の画面を参考に、「担当」という項目と主催者名を入力し、D列の列幅を自動調整します。

行や列の削除

行や列を「削除」するには、削除したい行や列の行番号または列番号を右クリックし、ショートカットメニューの[削除]をクリックします。

複数の行や列の挿入

複数の行をまとめて挿入するには、挿入したい行数分だけ行を選択し、挿入の操作を実行します。選択した行数が3行のときは、3行挿入されます。複数の列をまとめて挿入するときも、挿入したい列数分だけ列を選択し、挿入の操作を実行します。

> **活用**
>
> セル単位で挿入、削除することもできます。セルを挿入または削除するには、目的のセルを右クリックし、ショートカットメニューの[挿入]または[削除]をクリックします。[挿入]ダイアログボックスまたは[削除]ダイアログボックスが表示されたら、挿入方法や削除方法を指定します。
> たとえば[挿入]ダイアログボックスで[右方向にシフト]を選択すると、下画面のように指定した位置にセルが挿入され、選択したセルとその右側にあるすべてのセルが右方向に移動します。
>
>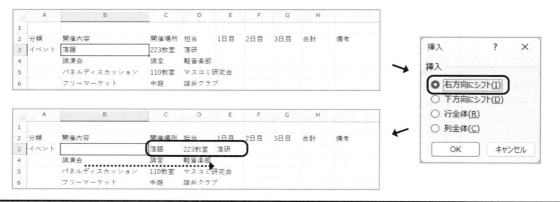

●行や列の移動

セルの移動と同様、行や列もマウス操作(ドラッグ＆ドロップ)で「移動」できます。行や列を入れ替えたいときは、**Shift**キーを押しながら操作します。
ここでは、「開催場所」と「担当」の列を「合計」の右にまとめて移動しましょう。

1. 列番号C〜Dを範囲選択します。
2. 選択した列の外枠にマウスポインターを合わせ、マウスポインターの形が に変わったら**Shift**キーを押しながら右方向にドラッグします。

3. 次の画面のような縦線がH列とI列の間に表示されたら、**Shift**キーを押したままボタンを離します。列の移動を確認したら、**Shift**キーを離します。

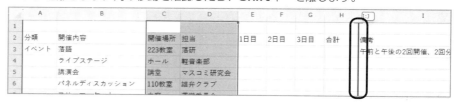

4.「開催場所」と「担当」の列が「合計」の右側に移動します。

Shiftキーの効用
Shiftキーを押さずに移動すると、移動先にデータが上書きされますが、**Shift**キーを押すと既存のデータはそのままで、移動した行または列が挿入されます。

> **活用**
>
> 行や列は、必要に応じて表示、非表示を切り替えることができます。行や列を非表示にするには、目的の行番号または列番号を右クリックし、ショートカットメニューの[非表示]をクリックします。
> 非表示の行や列を再表示するには、非表示になっている部分を含めて隣接する行または列を範囲選択し、選択範囲内を右クリックしてショートカットメニューの[再表示]をクリックします。
> 行数や列数が多い表や、今は必要なくても履歴としてデータを残しておきたい場合は、データを非表示にしておけば、必要なときに再表示をして確認することができます。数式で参照している数値のある行や列を非表示にしても、計算結果は変わりません。

> **活用**
>
> 作成した表の行と列の項目取りがイメージどおりでない場合は、行を列、列を行に変更することができます。行と列を入れ替えた表を作成するには、表全体を選択し、[ホーム]タブの[コピー]ボタンをクリックします。作成したい位置をクリックし、[貼り付け]ボタンの▼をクリックし、一覧から[行/列の入れ替え]のアイコンを選択します。

セルを結合する

隣接する複数のセルは、「結合」して1つのセルのように扱うことができます。[ホーム]タブの[セルを結合して中央揃え]ボタンで結合すると、結合したセル内で自動的にデータが中央に配置されます。

●セルを結合してデータを中央に配置

ここでは、「1日目」～「3日目」の上のセルを結合し、その中央に「日程」という文字列を配置しましょう。「分類」、「開催内容」、「合計」、「開催場所」、「担当」、「備考」も、それぞれすぐ上のセルと結合します。

1. セルC1に「日程」と入力します。

2. セルC1～E1を範囲選択し、[ホーム]タブの[セルを結合して中央揃え]ボタンをクリックします。

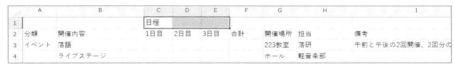

3. セルが結合し、その中央に文字列「日程」が配置されます。

4. セルA1～A2を範囲選択し、**F4**キーを押します。セルが結合し、その中央に文字列「分類」が配置されます。

5. 同様の操作で、セルB1～B2、セルF1～F2、セルG1～G2、セルH1～H2、セルI1～I2をそれぞれ結合します。

セルの結合

結合するセルにそれぞれデータを入力している場合、左上端のセルのデータだけが残り、他のセルのデータが消去されることを確認するメッセージが表示されます。

セルの結合の解除

セルの結合を解除するには、結合したセルを選択し、再度[セルを結合して中央揃え]ボタンをクリックします。

F4キーの利用

F4キーを押すと、直前に実行した操作が繰り返されます。

> **活用**
>
> [セルを結合して中央揃え]ボタンで調整されるデータの配置は横方向だけで、縦方向は結合前の位置がそのまま保持されます。データの配置を指定しないでセルを結合するには、[セルを結合して中央揃え]ボタンの▼をクリックし、一覧から[セルの結合]を選択します。また、結合したセル内の文字の配置は、通常のセルと同じように[ホーム]タブの[配置]グループの各ボタンで変更できます。

文字列を縦書きや折り返して表示する

セルに入力した文字列を「縦書き」にしたり、セルに収まらない文字列を「折り返し」にしたりすることができます。

●文字列の縦書き

ここでは隣接する上下のセルを結合し、「イベント」という文字列を縦書きにしましょう。続けてA列の列幅を自動調整し、行を追加して表のタイトルを追加します。

1. セルA3～A7を範囲選択し、[ホーム]タブの [セルを結合して中央揃え]ボタンをクリックします。
2. セルが結合し、その中央に文字列「イベント」が配置されます。
3. 続けて[ホーム]タブの [方向]ボタンをクリックし、一覧から[縦書き]をクリックします。文字列「イベント」が縦書きで表示されます。

> **文字列の方向**
> [方向]ボタンの一覧で[左回りに回転]や[右回りに回転]を選択すると、文字列を斜めに表示できます。

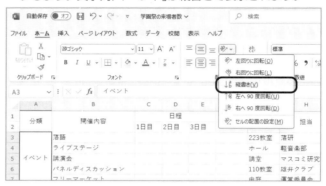 

4. 文字列「分類」に合わせて列幅を自動調整するため、列番号Aの右の境界線をポイントし、マウスポインターの形が ✢ に変わったらダブルクリックします。
5. 表の上に2行追加するため、行番号1～2を範囲選択し、選択範囲内を右クリックしてショートカットメニューの[挿入]をクリックします。
6. 挿入した行のセルA1に「■学園祭の来場者数」と入力します。

●文字列の折り返し

ここでは「フリーマーケット」の「備考」欄に文字列を入力し、セル内に収まるように文字列の折り返しを設定しましょう。

1. セルI9に「正確な人数は測定不能のため、おおよその人数を計上」と入力します。
2. 文字列がセルに収まり切らずに表示されます。

折り返しの解除

折り返しを解除するには、セルを選択し、再度、[折り返して全体を表示する]ボタンをクリックします。

セル内での改行

セル内に入力した文字列を任意の位置で改行するには、改行したい位置にカーソルを表示し、**Alt**＋**Enter**キーを押します。

3. セルI9を選択し、[ホーム]タブの[折り返して全体を表示する]ボタンをクリックします。
4. セル内で文字列が折り返して表示されます。

活用

データの配置の詳細を設定するには、セルを選択してから[ホーム]タブの[配置]グループ右下の[配置の設定]ボタンをクリックして、[セルの書式設定]ダイアログボックスの[配置]タブを表示します。

たとえば[縮小して全体を表示する]チェックボックスをオンにすれば、セルの幅に合わせてデータのフォントサイズを縮小し、データ全体をセル内に表示できます。[方向]では、文字列の方向の角度を数値で指定したり、右側のプレビュー内で文字位置をドラッグして指定することもできます。

表を見やすくする

表の体裁を整えるとき、「罫線の線種」を変えたり、「斜線」を引いたりすると、わかりやすい表にすることができます。同じ要素の行が連続する場合、1行間隔でセルに色を付けるのも効果的です。行の高さはフォントサイズによって自動調整されますが、行間が狭くて見にくいときは、手動で行の高さを広げましょう。

●点線と斜線の設定

「日程」内に数値を入力したあと、表全体に格子状の罫線を設定しましょう。「イベント」の右側の横罫線だけを点線に変更し、空白セルには斜線を引きます。さらにセル内のデータの配置も整えます。

1. 2の画面を参考に、「日程」のセルに数値を入力します。
2. セルF5～F9に「SUM関数」を使用して合計を求めます。

[罫線]ボタン

[罫線]ボタンの表示は、直前に選択した線種やコマンドに変更されます。

罫線の色

[色]ボックスの▼から色を選択すると、色付きの罫線を設定できます。

罫線の位置の指定

罫線を設定する位置は、プレビュー枠内をクリックして指定します。[プリセット]または[罫線]の各ボタンをクリックして指定することもできます。

[セルの書式設定]ダイアログボックスの表示方法

[セルの書式設定]ダイアログボックスは、右の手順11以外にも[ホーム]タブの[フォント]グループ右下の[フォントの設定]ボタンをクリックしても表示できます。目的のタブに切り替えて操作します。

3. セルA3～I9を範囲選択します。
4. [ホーム]タブの[罫線]ボタンの▼をクリックし、一覧から[格子]をクリックします。選択したセル範囲に格子状の罫線が設定されます。
5. セルB5～I9を範囲選択します。

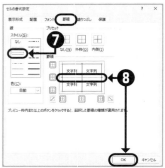

6. [ホーム]タブの[罫線]ボタンの▼をクリックし、一覧から[その他の罫線]をクリックします。[セルの書式設定]ダイアログボックスの[罫線]タブが表示されます。
7. 左の画面を参考に、[スタイル]ボックスで点線（上から3番目）をクリックします。
8. 続けてプレビュー枠内の中央の横罫線をクリックし、[OK]をクリックします。
9. 選択したセル内の横罫線だけ、点線に変更されます。

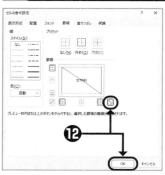

10. セルC7をクリックします。続けて**Ctrl**キーを押しながらセルC9をクリックします。
11. [ホーム]タブの[罫線]ボタンをクリックします。[セルの書式設定]ダイアログボックスの[罫線]タブが表示されます。
12. 左の画面を参考に[　]をクリックし、プレビュー枠内に斜線が表示されたら、[OK]をクリックします。
13. セルC4～E4とセルG5～H9のデータを各セル内で中央に配置します。

活用

1本ずつ罫線を引くには、[ホーム]タブの[罫線]ボタンの▼をクリックして一覧から[罫線の作成]をクリックし、マウスポインターの形が🖉に変わったら枠線上をドラッグします。線種の変更は、一覧に表示されている[線のスタイル]から目的の線種を選択します。一覧で[罫線の削除]を選択するとマウスポインターの形が🧽に変わり、1本ずつ罫線を削除することもできます。これらの操作を終了するときは、**Esc**キーを押します。

●セルの背景色の設定

ここでは、列見出しと「イベント」のセル、開催内容が「ライブステージ」と「パネルディスカッション」のセルにそれぞれ背景色を設定しましょう。

1. 項目のセルA3～I3（「分類」～「備考」）を範囲選択します。
2. [ホーム]タブの [塗りつぶしの色]ボタンの▼をクリックし、一覧から[テーマの色]の[水色、アクセント4、白＋基本色40％]（上から4番目、右から3番目）をクリックします。
3. 「イベント」のセルをクリックし、**Ctrl**キーを押しながらセルB6～I6、セルB8～I8を範囲選択します。
4. [ホーム]タブの [塗りつぶしの色]ボタンの▼をクリックし、一覧から[テーマの色]の[水色、アクセント4、白＋基本色80％]（上から2番目、右から3番目）をクリックします。

1行間隔のセルの背景色
データベース形式のルールに基づいて作成された表の場合、テーブル機能を使うと簡単に1行間隔のセルの背景色を設定できます。

活用

[ホーム]タブの [書式のコピー/貼り付け]ボタンを使うと、書式だけをコピーできます。書式を設定しているセルを選択して [書式のコピー/貼り付け]ボタンをクリックし、マウスポインターの形が に変わったら、書式のコピー先のセルまたはセル範囲をドラッグします。[書式のコピー/貼り付け]ボタンをダブルクリックすると、続けて複数のセルに書式をコピーできます。複数のセル範囲に同様の書式を使いたい場合には活用しましょう。終了するには、**Esc**キーを押します。

数値による行の高さの指定
行の高さを数値で直接指定して変更することもできます。目的の行の行番号をクリックしてショートカットメニューの[行の高さ]をクリックし、[セルの高さ]ダイアログボックスで数値を入力します。

●行の高さの変更

データと罫線の間に適度な余白があると表が見やすくなります。ここでは、行番号5～9の行を「33.00」の高さに変更しましょう。

1. 行番号5～9を範囲選択します。
2. 選択範囲内の行番号のいずれかの境界線をポイントし、マウスポインターの形が に変わったら下方向に「33.00」と表示されるまでドラッグします。

行の高さの自動調整
手動で行の高さを変更した後、行内の文字に合わせて行の高さを自動調整したいときは、行番号の下の境界線をダブルクリックします。

3. 選択したすべての行の高さが33.00になります。

25

ページレイアウトを設定する

印刷を行うときは、印刷の向きや余白の大きさなどの「ページレイアウト」を設定します。用紙の中央に、自動的に表が印刷されるようにすることもできます。また「印刷プレビュー」を表示すると、印刷結果のイメージを確認できます。表が2ページに分かれたり、文字が切れてしまうこともあるので、必ず事前に印刷プレビューを確認するようにしましょう。

●印刷の向きの設定
ここでは、印刷の向きを横に変更しましょう。

用紙サイズの設定
用紙サイズを変更するには、[サイズ]ボタンをクリックし、一覧から目的のサイズを選択します。

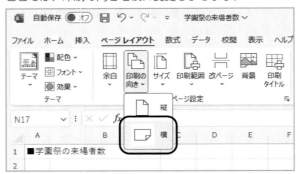

1. [ページレイアウト]タブの[印刷の向き]ボタンをクリックし、[横]をクリックします。

●余白とページ中央の設定
ここでは印刷プレビューを確認したあと、用紙上部の余白を「2.5」、左右の余白を「1.5」に変更し、表が用紙の左右中央に印刷されるように設定しましょう。

1. [ファイル]タブの[印刷]をクリックします。印刷プレビューが表示され、用紙の向きや印刷結果を確認できます。
2. [ページ設定]をクリックし、[ページ設定]ダイアログボックスの[余白]タブをクリックします。

余白の設定
余白は上下左右にそれぞれ数値で指定することができますが、プリンターによって数値を制限するメッセージが表示される場合があります。

余白の確認
印刷プレビューの右下の[余白の表示]ボタンをクリックすると、印刷領域と余白を区切る線を表示できます。

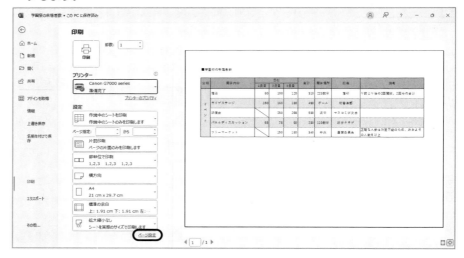

[ページ中央]の設定

用紙の上下中央に印刷するときは、[垂直]チェックボックスをオンにします。[水平]と[垂直]の両方をオンにすることもできます。

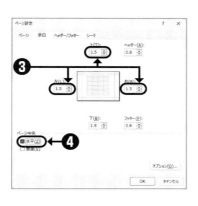

3. [上]ボックスに「2.5」、[左]と[右]のボックスにそれぞれ「1.5」と入力します。
4. [ページ中央]の[水平]チェックボックスをオンにします。
5. [OK]をクリックすると、[ページ設定]ダイアログボックスの設定が印刷プレビューに反映されます。
6. 印刷を実行するには、印刷部数やプリンターの設定を確認して[印刷]をクリックします。

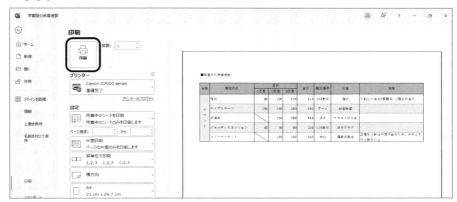

7. ←をクリックして、シート画面に戻ります。
8. 🖫[上書き保存]ボタンをクリックして、ブックを上書き保存します。

活用

[印刷の向き]ボタンや[サイズ]ボタンなどと、[ページ設定]ダイアログボックスの設定は連動しています。たとえば印刷の向きは、[ページ設定]ダイアログボックスの[ページ]タブの[印刷の向き]で設定してもかまいません。印刷の詳細や複数の項目をまとめて設定するときは、[ページ設定]ダイアログボックスを使いましょう。

なお、印刷プレビューを表示せずに[ページ設定]ダイアログボックスを表示するには、[ページレイアウト]タブの[ページ設定]グループ右下の 🖫 [ページ設定]ボタンをクリックします。

練習問題

 問題 2-1

1. ブック「学園祭の来場者数変更」を開きましょう。
2. 「担当」の列を削除し、行番号3～4の行を行番号12～13にコピーしましょう。
3. 次の入力内容を参考に、「分類」～「開催場所」のセルにデータを入力し、「合計」のセルはSUM関数で計算しましょう。

入力内容

	分類	開催内容	日程			合計	開催場所	備考
12			1日目	2日目	3日目			
13								
14	飲食	カフェ	70	130	155	355	303食堂	
15		販売（ホットドッグ・焼きそば）		230	250	480	食堂	
16		販売（飲み物）	160	150	180	490		
17		茶店	85	80	120	285	109教室	

4. B列の列幅を「21.00」に変更し、セルB15の文字列をセル内で折り返して表示しましょう。
5. 行番号14～17の行の高さを「33.00」に変更しましょう。
6. セルG15～G16を結合し、その中央に文字列「食堂」を配置しましょう。
7. セルG14とG17を各セル内で中央に配置しましょう。
8. 「飲食」の文字がセルA14～A17の中央に配置され、縦書きになるよう設定しましょう。
9. シート上の「イベント」の表を参考に、セルA14～H17に同じように罫線を設定しましょう。さらに空白のセルC15に、斜線を設定しましょう。
10. 見出しのセルの背景色を「テーマの色」の「緑、アクセント6、白＋基本色40％」に設定し、さらに1行間隔でセルの背景色を「テーマの色」の「緑、アクセント6、白＋基本色80％」を設定して、「イベントの表」と同じ体裁にしましょう。ただし、「食堂」のセルの背景色はそのままにします。「飲食」のセルも同じ背景色にしましょう。
11. 上の余白を「1.5」、下の余白を「2」に変更し、用紙の上下左右の中央に2つの表が印刷されるようにしましょう。
12. 「E-L02-01」という名前で、［保存用］フォルダーに保存しましょう。

 問題 2-2

1. ブック「在庫管理表.xlsx」を開きましょう。
2. 「商品名」のセルに、「No」のセルと同じ書式を設定しましょう。
3. 文字列「No」に合わせて、A列の列幅を自動調整しましょう。
4. 「週合計」の「入庫」と「出庫」の間に新たに1列挿入し、左から順に「入庫」、「出庫」、「在庫」と文字列を変更しましょう。
5. C列とD列の間の縦線を二重罫線にしましょう。
6. 次の画面を参考に、図形機能の［直線］を使って、「10/20（日）」と「10/21（月）」のセルに斜線を引きましょう。線の色は黒、線の太さを0.5ptに設定します。
   ※複数のセルをまたぐ斜線を引くには、図形機能の［線］（［挿入］タブの［図形］ボタンから選択）を使います。線の色や太さは、［図形の書式］タブの［図形の枠線］ボタンから変更します。

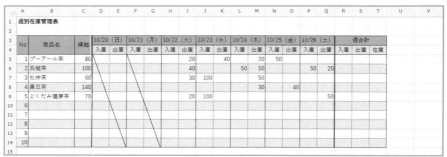

7 「週合計」(セルR5～T14)に、次のように商品別に「入庫」、「出庫」、「在庫」を求めましょう。数式には、数値が入力されていないセルも含めます。
　・セルR5に、「プーアール茶」の「繰越」(セルC5)と10/22～10/26の「入庫」の合計を求める
　・セルS5に、「プーアール茶」の10/22～10/26の「出庫」の合計を求める
　・セルT5に、「プーアール茶」の10/22～10/26の「入庫－出庫」(セルR5－セルS5)を求める
　・セルR5～T5を範囲選択し、書式を変えずに他のセルに数式をコピーする
8 用紙の向きを横にして、用紙の左右中央に表が印刷されるようにしましょう。
9 「E-L02-02」という名前で、[保存用]フォルダーに保存しましょう。

問題 2-3

1 入力内容を参考にセルB1に「学年暦：春学期」と入力し、フォント「HGP明朝B」とフォントサイズ「16」を設定しましょう。
2 入力内容を参考にセルB3～G7にデータを入力し、セルの中央に配置しましょう。続けて格子状の罫線を設定し、列番号B～Gの列幅をすべて「15.00」に変更しましょう。
　※セル内のデータの中央揃えは、表全体に設定してもかまいません。
3 セルB3～G3の背景色を「テーマの色」の「オレンジ、アクセント2、白＋基本色60%」、セルB4～B7は「オレンジ、アクセント2、白＋基本色80%」に設定しましょう。

入力内容

	A	B	C	D	E	F	G
1		学年歴：春学期					
2							
3			入学式	ガイダンス	健康診断	授業開始	学年末試験
4		渋谷キャンパス	4月4日	4月4日	4月11日	4月13日	7月11日～15日
5		横浜キャンパス	4月4日	4月5日	4月11日	4月13日	7月11日～15日
6		千葉キャンパス	4月5日	4月6日	4月13日	4月7日	7月11日～15日
7		備考					
8							

4 表をセルI3～N7に移動しましょう。
5 表をコピーして、セルB3を基準に行列を入れ替えて貼り付けましょう。
6 5で貼り付けた表の「千葉キャンパス」を「大学院」に変更しましょう。
7 列番号Fの列幅を「32.00」に変更し、セルF7に下の文章を入力して折り返して全体を表示しましょう。
　「履修登録の最終締切は4月12日まで。Webからも履修登録が可能です」
8 セルB3～F3に下二重罫線を設定しましょう。
9 行番号4～8の行の高さをすべて「33.00」に変更しましょう。
10 I～N列を非表示にしましょう。
11 「E-L02-03」という名前で、[保存用]フォルダーに保存しましょう。

Lesson3 数式・関数を活用した集計表の作成

数値を使った集計表の作成では、合計・平均の算出や端数の四捨五入、%への換算など、いろいろな計算やデータ処理を行います。数式や関数を利用すると、これらの作業を効率よく操作できます。ここでは、集計表を作成するときによく使う数式や便利な関数を学習します。

キーワード

- □□相対参照
- □□絶対参照
- □□エラー値
- □□AVERAGE関数
- □□MAX関数
- □□MIN関数
- □□ROUND関数
- □□ROUNDUP関数
- □□ROUNDDOWN関数
- □□IF関数
- □□IFS関数
- □□関数のネスト

このレッスンのポイント

> 相対参照と絶対参照
> 平均を求める
> 最大値・最小値を求める
> 端数を四捨五入する
> 条件で値を判定する
> 複数の条件で値を判定する

完成例（ファイル名：売上比較表.xlsx）

営業所	A機種		B機種		総売上高	構成比	次年度売上目標	評価1	評価2
	単価	¥29,800	単価	¥49,800					
	販売数	売上高	販売数	売上高					
渋谷	50	1,490,000	120	5,976,000	7,466,000	17.4%	8,586,000	＊	＊＊
新宿	51	1,519,800	115	5,727,000	7,246,800	16.8%	8,334,000	＊	＊＊
八王子	38	1,132,400	78	3,884,400	5,016,800	11.7%	5,769,000	－	－
横浜	52	1,549,600	105	5,229,000	6,778,600	15.8%	7,795,000	＊	＊＊
川崎	48	1,430,400	90	4,482,000	5,912,400	13.7%	6,799,000	－	＊
千葉	35	1,043,000	98	4,880,400	5,923,400	13.8%	6,812,000	－	＊
大宮	40	1,192,000	70	3,486,000	4,678,000	10.9%	5,380,000	－	－
合計	314	9,357,200	676	33,664,800	43,022,000	100.0%	49,475,000		
平均	45	1,336,743	97	4,809,257	6,146,000				
最大値	52	1,549,600	120	5,976,000	7,466,000				
最小値	35	1,043,000	70	3,486,000	4,678,000				

相対参照と絶対参照

セル参照には、「相対参照」や「絶対参照」という種類があります。相対参照では、数式をコピーすると、指定したセル番地がコピー先に合わせて自動的に変更されます。数式をコピーしてもセル番地が変更されないようにするには、「$D$12」のように列番号と行番号の前に「$」（半角のドル記号）を付けます。このようなセル参照を絶対参照といい、参照するセルを常に固定する必要があるときに使用します。

セル参照を使った数式をコピーすれば、何度も数式を入力する手間を省くことができます。相対参照や絶対参照を使い分け、セル参照を使った数式を上手に活用しましょう。

●相対参照を使った数式

ここでは、「売上高」（販売数×単価）を求めます。単価のセルC4は常に参照する必要がありますが、まずは相対参照のまま数式を作成して、結果を確認しましょう。

1. 次の画面を参考に、数値や文字を入力します。

数式の入力
右の手順2で直接セルをクリックして数式を入力した場合は、そのまま数式が作成されます。直接セルに文字を入力した場合、入力した文字から始まる関数名が表示される場合があります。数式を入力する場合は、そのまま続けて目的の数式を入力します。

2. セルC6に「=B6*C4」と入力し、**Enter**キーを押します。セルC6に計算結果が求められます。

3. セルC6をクリックします。

4. セルC6の右下にあるフィルハンドルをポイントし、マウスポインターの形が＋に変わったらセルC12までドラッグします。セルC7～C12に数式がコピーされ、エラー値が表示されます。

エラーインジケーター
エラーと判断されたセルには、セルの左上隅に が表示されます。Excelで規定されたルールに基づいているため、数式に誤りがない場合でも表示されることがあります。表示を解除するには、そのセルをクリックし、表示された をクリックして一覧から[エラーを無視する]を選択します。
なお、一覧の先頭にはエラーの原因が表示されています。どのようなエラーか確認しましょう。

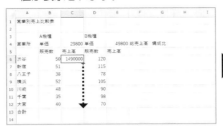

5. セルC7をクリックして、数式バーを確認します。単価のセル番地がセルC5に変更されているためにエラーが表示されていることを確認します。

指数表示
12桁以上の数値は「2.72E+09」のような指数表示に変わります。正しく表示するには、列幅を変更するか、[ホーム]タブの[標準]▼[数値の書式]ボックスの▼をクリックして、一覧から[数値]をクリックします。

活用

入力した数式に誤りがある、計算結果が正しく求められないなど、数式にエラーがある場合には、次のような「エラー値」が表示されます。

エラー値	エラー原因
#####	セルの幅よりも長いデータが入力されている、または結果が負の値になる日付または時刻が入力されている
#VALUE!	数式の参照先や関数の引数の種類などが正しくない
#DIV/0!	値が0または空白のセルで割り算している
#N/A	関数や数式に使用できる値がない
#NAME?	関数名が誤っているなど、Excelで認識できない文字列が使用されている
#NULL	セル参照の書式が誤っている、指定したセル範囲に共通部分がない
#NUM!	数式または関数に無効な数値がある
#REF!	数式で参照しているセルが削除された
#スピル!	スピルが機能していない場合に表示される

●絶対参照を使った数式

数式を修正して、売上高を正しく求めてみましょう。単価は常にセルC4を参照する必要があります。参照するセルを固定するには絶対参照を指定します。絶対参照は、セル番地の列番号と行番号の前に「$」を付けて「$C$4」のように指定します。「$」が付いているセル番地は、数式をコピーしても変更されません。「$」を入力するには、次の2通りの方法があります。

・キーボードから「$」を直接入力する
・数式の入力中、セル番地にカーソルを合わせて**F4**キーを押す
　F4キーを押す方法の場合、押すごとに「$」の入力位置が次のように切り替わる

$C$4	絶対参照
C$4	列は相対参照、行は絶対参照
$C4	列は絶対参照、行は相対参照
C4	相対参照

複合参照

「C$4」や「$C4」のように、絶対参照と相対参照を組み合わせてセルを参照する方法を「複合参照」といいます。列番号または行番号だけを固定することができます。

1. セルC6 ～ C12を範囲選択し、**Delete**キーを押します。セルC6 ～ C12のデータが消去されます。
2. セルC6に「＝B6*C4」と入力します。
3. 「C4」にカーソルがある状態で**F4**キーを押します。「=B6*$C$4」と表示されます。

	A	B	C	D	E
1	営業別売上比較表				
2					
3		A機種		B機種	
4	営業所	単価	29800	単価	4980
5		販売数	売上高	販売数	売上高
6	渋谷	50	=B6*C4	120	
7	新宿	51		115	
8	八王子	38		78	

▶

	A	B	C	D	E
1	営業別売上比較表				
2					
3		A機種		B機種	
4	営業所	単価	29800	単価	4980
5		販売数	売上高	販売数	売上高
6	渋谷	50	=B6*$C$4		
7	新宿	51		115	
8	八王子	38		78	

4. **Enter**キーを押します。セルC6に計算結果が求められます。
5. セルC6をクリックします。
6. セルC6の右下にあるフィルハンドルをポイントし、マウスポインターの形が＋に変わったらセルC12までドラッグします。セルC7 ～ C12に数式がコピーされ、計算結果が求められます。

絶対参照への変更

数式入力後に絶対参照に変更するには、まず数式を編集可能な状態にします。次に「$」を直接入力するか、目的のセル番地にカーソルがある状態で**F4**キーを押します。

同じ列内での数式のコピー

ここで求めた「売上高」は、「=B6*C$4」という数式でも算出できます。同じ列内で数式をコピーした場合、変更されるのは行番号だけで列番号は変わりません。そのため、列番号は固定してもしなくても、同じ結果になります。

7. セルC9をクリックして数式を確認してみます。セル「B6」は「B9」に自動調整されていますが、セルC4は「$C$4」のまま変わっていません。

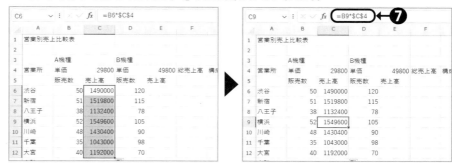

8. セルE6に「=D6*$E$4」と入力し、**Enter**キーを押します。セルE6に計算結果が求められます。
9. セルE6をクリックして右下にあるフィルハンドルをポイントし、マウスポインターの形が+に変わったらセルE12までドラッグします。セルE7～E12に数式がコピーされ、計算結果が求められます。

●合計、総売上高を求める

ここではSUM関数を使って「販売数」と「売上高」の合計をまとめて、さらに総売上高を求めましょう。

1. セルB6～E13を範囲選択し、[ホーム]タブの[Σ▼][合計]ボタンをクリックします。「販売数」(セルB13、D13)と「売上高」(セルC13、E13)の各セルに合計が求められます。

引数の指定

複数のセルを引数に指定するときは、「=SUM(C6,E6)」のように「,」で区切ります。2つ目以降のセルを**Ctrl**キーを押しながら選択すると、自動的に「,」が挿入されます。

2. セルF6をクリックし、[ホーム]タブの[Σ▼][合計]ボタンをクリックします。SUM関数の引数を「C6,E6」に修正して、**Enter**キーを押します。セルF6に「売上高」の合計が求められます。

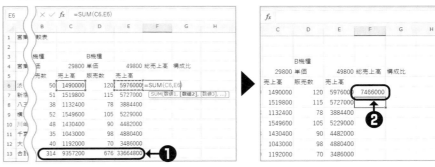

3. セルF6をクリックします。
4. セルF6の右下にあるフィルハンドルをポイントし、マウスポインターの形が+に変わったらセルF13までドラッグします。セルF7～F13に数式がコピーされ、計算結果が求められます。

●構成比を求める

絶対参照を使って構成比を求め、パーセントスタイル(%)を設定して小数点以下第1位まで表示しましょう。最後にブックを保存します。

1. セルG6に「=F6/$F$13」と入力し、**Enter**キーを押します。セルG6に計算結果が求められます。
2. セルG6をクリックします。

パーセンテージの表示形式

[%][パーセントスタイル]ボタンを使うと、パーセンテージの表示形式を適用できます。元の表示形式に戻すには、[ホーム]タブの[数値の書式]ボックスの▼をクリックし、一覧から[標準]を選択します。

3. セルG6の右下にあるフィルハンドルをポイントし、マウスポインターの形が＋に変わったらセルG13までドラッグします。セルG7～G13に数式がコピーされ、計算結果が求められます。
4. 「構成比」の表示形式をパーセントスタイルに変更します。セルG6～G13を範囲選択し、[ホーム]タブの[%][パーセントスタイル]ボタンをクリックします。「構成比」の数値が「%」で表示されます。
5. [ホーム]タブの[小数点以下の表示桁数を増やす]ボタンをクリックします。「構成比」の数値が小数点以下第1位まで表示されます。

小数点以下の表示桁数
小数点以下の表示桁数を増やすときは[小数点以下の表示桁数を増やす]ボタン、減らすときは[小数点以下の表示桁数を減らす]ボタンを使います。クリックするごとに、表示される桁数が増えたり、減ったりします。

6. 作成したブックを「売上比較表」という名前で、[保存用]フォルダーに保存します。

活用

数値を入力しているセル範囲を選択すると、Excelのステータスバーの右側に、選択した範囲の平均やデータの個数、合計の値が一時的に表示されます。数式を入力せずに、数値を確認できる便利な機能です。ステータスバー上を右クリックして表示された一覧から、数値の個数、最大値、最小値を選択すれば、それらの値を確認することもできます。

平均を求める

平均は、数式を入力して求めることもできますが、「AVERAGE関数」を使うと効率よく算出できます。引数（数値1…）には、平均を求める数値やセル、セル範囲を指定します。

| AVERAGE関数の書式 | =AVERAGE(*数値1* [,*数値2*…]) |

ここでは、AVERAGE関数を使って「販売数」、「売上高」、「総売上高」の平均を求めましょう。

1. セルA14に「平均」と入力し、セルB14をクリックします。
2. [ホーム]タブの[Σ･][合計]ボタンの▼をクリックし、一覧から[平均]をクリックします。AVERAGE関数の数式が表示され、計算対象のセル範囲に点滅する点線が表示されます。
3. セルB6～B12を範囲選択して、計算対象のセル範囲を修正します。
4. AVERAGE関数の数式が正しいことを確認して**Enter**キーを押します。平均の値が求められます。

引数の指定

複数の対象を引数に指定するときは、「AVERAGE(C3:C5,E3:E5)」のように「,」で区切ります。「AVERAGE(C3:C5,60)」のように、数値を指定することもできます。SUM関数も同様です。

絶対参照や複合参照の指定

関数の引数のセルやセル範囲にも、絶対参照や複合参照を指定できます。

 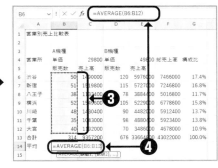

5. セルB14をクリックします。

6. セルB14の右下にあるフィルハンドルをポイントし、マウスポインターの形が+に変わったらセルF14までドラッグします。セルC14～F14に数式がコピーされ、計算結果が求められます。

活用

関数の入力方法は何通りもあるので、自分の使いやすい方法を選びましょう。たとえば、関数名や引数を知っているときは、数式を直接入力してもよいでしょう。その際、「=」に続けて英字を入力すると、その文字で始まる関数名の一覧が表示されます。この機能を「数式オートコンプリート」といい、関数を選択して**Tab**キーを押すと、関数名と「(」が入力されます。一覧を無視して、関数名やセル番地などを入力してもかまいません。

活用

関数名がわからないときは、[関数の挿入]ダイアログボックスを使いましょう。数式を入力するセルを選択し、数式バーの [関数の挿入]ボタンをクリックします。表示された[関数の挿入]ダイアログボックスの[関数の検索]ボックスで検索したい操作のキーワードを入力し、[検索開始]をクリックします。検索された[関数名]ボックスの一覧で目的の関数を選択すると、ボックスの下に関数の説明が表示されます。

最大値・最小値を求める

関数を利用すると、最大値や最小値を簡単に求められます。最大値は「MAX関数」、最小値は「MIN関数」を使い、どちらの関数も引数（数値1…）には値を検索するセル範囲を指定します。

ここでは、MAX関数とMIN関数を使って、「販売数」、「売上高」、「総売上高」の最大値および最小値を求めましょう。

その他の関数の入力方法
・数式を直接入力する
・[数式]タブの[関数ライブラリ]グループのボタンを使う

1. セルA15に「最大値」と入力し、セルB15をクリックします。
2. [ホーム]タブの[Σ▼][合計]ボタンの▼をクリックし、一覧から[最大値]をクリックします。MAX関数の数式が表示され、最大値を調べるセル範囲に点滅する点線が表示されます。
3. セルB6～B12を範囲選択して、最大値を調べるセル範囲を修正します。
4. MAX関数の数式が正しいことを確認してEnterキーを押します。最大値が求められます。

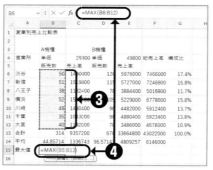 

MAX関数、MIN関数の操作方法
引数の指定方法や数式を入力、編集する操作は、AVERAGE関数と同様です。

5. セルA16に「最小値」と入力し、セルB16をクリックします。
6. [ホーム]タブの[Σ▼][合計]ボタンの▼をクリックし、一覧から[最小値]をクリックします。MIN関数の数式が表示され、最小値を調べるセル範囲に点滅する点線が表示されます。
7. セルB6～B12を範囲選択して、最小値を調べるセル範囲を修正します。
8. MIN関数の数式が正しいことを確認してEnterキーを押します。最小値が求められます。

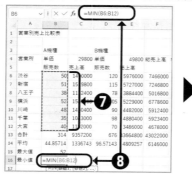 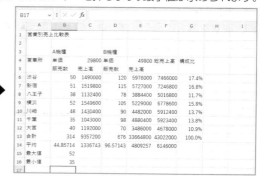

9. セルB15～B16を範囲選択します。
10. セルB16の右下にあるフィルハンドルをポイントし、マウスポインターの形が＋に変わったらセルF16までドラッグします。セルC15～F16に数式がコピーされ、最大値および最小値が求められます。

活用

指定したセル範囲の中で、条件に合った最大値をMAXIFS関数、最小値をMINIFS関数で求めることができます。

```
MAXIFS関数の書式     =MAXIFS(最大範囲, 条件範囲1, 条件1 [, 条件範囲2, 条件2], …)
MINIFS関数の書式     =MINIFS(最小範囲, 条件範囲1, 条件1 [, 条件範囲2, 条件2], …)
```

たとえば、担当ごとに最も高い販売数は、次のように求めます。

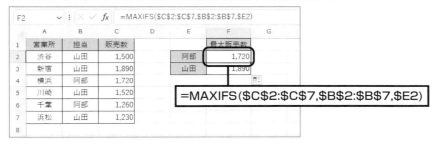

たとえば、担当ごとに最も低い販売数は、次のように求めます。

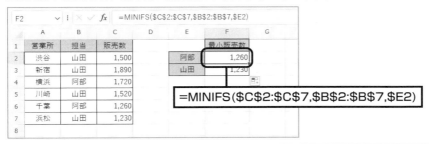

数値の端数を四捨五入するときは、「ROUND関数」を使いましょう。第1引数(「数値」)には四捨五入したい値、第2引数(「桁数」)には四捨五入する桁数を指定します。

| ROUND関数の書式 | =ROUND(*数値, 桁数*) |

●四捨五入する桁数の指定

小数点第1位で四捨五入して1の位まで求めるときは、第2引数に「0」を指定します。この値を基準にして、小数点以下の位を四捨五入するときは1つずつ値を増やし、整数の位を四捨五入するときは1つずつ減らしてマイナスの値で指定します。

ROUND関数の使用例　※セルC5に「1248.163」と入力している場合

数式	結果	意味
=ROUND(C5, 2)	1248.16	小数点第3位を四捨五入する
=ROUND(C5, 1)	1248.2	小数点第2位を四捨五入する
=ROUND(C5, 0)	1248	小数点第1位を四捨五入する
=ROUND(C5, -1)	1250	1の位を四捨五入する
=ROUND(C5, -2)	1200	10の位を四捨五入する

活用

端数を切り上げるときは「ROUNDUP関数」、切り捨てるときは「ROUNDDOWN関数」を使います。引数の指定方法は、ROUND関数と同じです。小数を切り捨てて、整数部分だけを取り出したいときは、INT関数を使うこともできます。

ROUNDUP関数の使用例　※セルC5に「1248.163」と入力している場合

数式	結果	意味
=ROUNDUP(C5, 1)	1248.2	小数点第2位を切り上げる
=ROUNDUP(C5, 0)	1249	小数点第1位を切り上げる
=ROUNDUP(C5, -1)	1250	1の位を切り上げる

ROUNDDOWN関数とINT関数の使用例　※セルC5に「1248.163」と入力している場合

数式	結果	意味
=ROUNDDOWN(C5, 1)	1248.1	小数点第2位を切り捨てる
=ROUNDDOWN(C5, 0)	1248	小数点第1位を切り捨てる
=ROUNDDOWN(C5, -1)	1240	1の位を切り捨てる
=INT(C5)	1248	整数部分だけを取り出す

●計算結果の四捨五入

ここでは「次年度売上目標」という項目を追加し、ROUND関数を使って「総売上高×115%」の結果を百の位で四捨五入してみましょう。

1. セルH4に「次年度売上目標」と入力します。
2. セルH4をクリックし、[ホーム]タブの[折り返して全体を表示する]ボタンをクリックします。セル内で文字列が折り返して表示されます。「次年度」で文字が折り返されるように、**Alt**+**Enter**キーを押して行内で改行します。
3. セルH6をクリックします。

[数式]タブの[関数ライブラリ]

[数式]タブの[関数ライブラリ]グループには関数の分類ごとにボタンが用意されていて、使いたい関数を分類別に探すことができます。

4. [数式]タブの [数学/三角]ボタンをクリックし、一覧をスクロールして[ROUND]をクリックします。

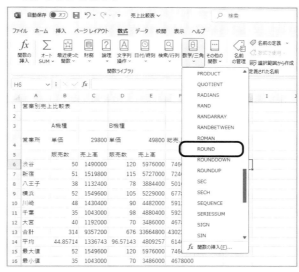

引数の指定

[関数の引数]ダイアログボックスで引数を指定する際、**Tab**キーを押して次のボックスにカーソルを移動できます。

参照するセルの指定

「F6」と入力する代わりに、参照するセルをクリックして入力することもできます。

5. ROUND関数の[関数の引数]ダイアログボックスの[数値]ボックスに「F6*115%」、[桁数]ボックスに「-3」と入力します。

6. [数式の結果]に値が表示されていることを確認し、[OK]をクリックします。

%の利用

「F6*115%」のように、%の値はそのまま数式で利用できます。「F6*1.15」のように、%に換算しない数値で指定しても同じ結果になります。

7. 数式の結果を百の位で四捨五入した値が表示されます。

セルH6の右下にあるフィルハンドルをポイントし、マウスポインターの形が+に変わったらセルH13までドラッグします。セルH7～H13に数式がコピーされ、計算結果が求められます。

39

条件で値を判定する

条件によって、結果に表示する値を変えたいときは「IF関数」を使いましょう。引数「論理式」に条件を指定し、条件を満たすときは「値が真の場合」、満たしていないときは「値が偽の場合」の値を表示します。

| IF関数の書式 | =IF(論理式,値が真の場合,値が偽の場合) |

ここでは「評価1」という項目を追加し、IF関数を使って「A機種の販売数」が50以上のときは全角の「＊」、50未満のときは全角の「－」を表示してみましょう。

1. セルI4に「評価1」と入力します。
2. セルI6をクリックし、[数式]タブの[論理]ボタンをクリックして一覧から[IF]をクリックします。

3. IF関数の[関数の引数]ダイアログボックスの[論理式]ボックスに「B6>=50」、[値が真の場合]ボックスに「"＊"」、[値が偽の場合]ボックスに「"－"」と入力します。
4. [数式の結果]に結果の値が表示されていることを確認し、[OK]をクリックします。

5. 条件を満たしているので「＊」が表示されます。
   セルI6の右下にあるフィルハンドルをポイントし、マウスポインターの形が＋に変わったらセルI12までドラッグします。「A機種の販売数」が50以上の場合は「＊」、50未満の場合は「－」が表示されます。

比較演算子

値を比較する条件を指定するときは、次の比較演算子を使います。
- ＝ 等しい
- ＞ ～より大きい
- ＜ ～より小さい
- ＞＝ ～以上
- ＜＝ ～以下
- ＜＞ 等しくない

文字列や空白の指定

引数に文字列を指定するときは、文字列の前後を半角の「"」で囲みます。「""」(「"」を2つ)を入力すると、空白を指定できます。手順3では、「＊」などの文字だけを入力して次のボックスに移動すれば、自動的に入力した文字が「"」で囲まれます。

論理式の判定

Excelでは、引数「論理式」の真偽の判定が「TRUE」(真)と「FALSE」(偽)という値で処理されます。

複数の条件で値を判定する

複数の条件によって、表示する値を変えたいときは、「IFS関数」を使います。

IF関数の組み合わせ

3つ以上の条件によって値を変えたい場合、Excel 2016まではIF関数を組み合わせる必要があり、複雑な数式になりがちでした。IFS関数では、論理式と満たした場合の値を順番に指定するだけで簡単に求めることができます。

●IFS関数の入力

引数「論理式1」に条件を指定し、満たしているときは「値が真の場合1」の値を表示します。続けて複数の論理式、それを満たした場合の値を順番に指定できます。

IFS関数の書式	=IFS(*論理式1,値が真の場合1* [, *論理式2,値が真の場合2*…],)

ここではIFS関数を使って、「B機種の販売数」が100以上のときは全角の「＊＊」、80以上100未満のときは全角の「＊」、80未満のときは全角の「－」を表示してみましょう。

1. セルJ4に「評価2」と入力します。
2. セルJ6をクリックし、[数式]タブの[論理]ボタンをクリックして一覧から[IFS]をクリックします。

3. IFS関数の[関数の引数]ダイアログボックスの[論理式1]ボックスに「D6>=100」、[値が真の場合1]ボックスに「"＊＊"」と入力します。

4. 続けて、[論理式2]ボックスに「D6>=80」、[値が真の場合2]ボックスに「"＊"」、[論理式3]ボックスに「D6<80」、[値が真の場合3]ボックスに「"－"」と入力します。
5. [数式の結果]に結果の値が表示されていることを確認し、[OK]をクリックします。

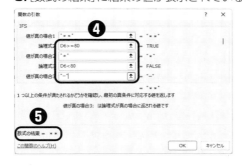

6. セルD6は、100以上の条件を満たしているので「＊＊」が表示されます。セルJ6の右下にあるフィルハンドルをポイントし、マウスポインターの形が+に変わったらセルJ12までドラッグします。「B機種の販売数」が100以上の場合は「＊＊」、80以上100未満の場合は「＊」、80未満の場合は「－」が表示されます。

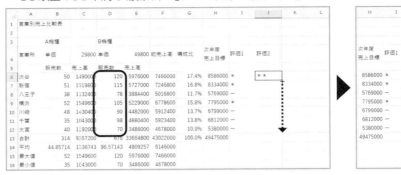

活用

関数の指定では、複数の関数を組み合わせることができます。これを「関数のネスト」（入れ子）といいます。たとえば平均値を求めて1の位で切り捨てるには、ROUNDDOWN関数の引数にAVERAGE関数を指定します。

活用

Excel 2024では、次のような関数（一部）が追加されています。

関数	数式／意味
IMAGE	=IMAGE(ソース, [代替テキスト], [サイズ], [高さ], [幅]) Web上のソース場所からセルに画像を挿入する。外部ソースへの接続が必要
LAMBDA	=LAMBDA(parameter_or_calculation,…)　　カスタム関数を定義する
TEXTBEFORE	=TEXTBEFORE(text, delimiter, [instance_num], [match_mode], [match_end], [if_not_found]) 指定した文字または文字列の前のテキストを返す
TEXTAFTER	=TEXTAFTER(text, delimiter, [instance_num], [match_mode], [match_end], [if_not_found]) 指定した文字または文字列の後のテキストを返す
TEXTSPILIT	=TEXTSPLIT(text, col_delimiter, [row_delimiter], [ignore_empty], [match_mode], [pad_with]) 指定した区切り文字を使用して、テキストを行または列に分割する
VSTACK HSTACK	=VSTAK(array1, [array2],…)　　垂直方向に配列を追加して、より大きな配列を返す =HSTAK(array1, [array2],…)　　水平方向に配列を追加して、より大きな配列を返す
TOROW TOCOL	=TOROW(array, [ignore], [scan_by_column])　　1行の配列を返す =TOCOL(array, [ignore], [scan_by_column])　　1列の配列を返す
CHOOSEROWS CHOOSECOLS	=CHOOSEROWS(array, row_num1, [row_num2],…)　　指定された行の配列を返す =CHOOSECOLS(array, col_num1, [col_num2],…)　　指定された列の配列を返す

活用

IF関数で3つ以上の判定をする場合は、IF関数にもう1つのIF関数をネストして利用します。
前述のIFS関数と同じ結果をIF関数で求めるには、次の式を入力します。

=IF(D6>=100,"＊＊",IF(D6>=80,"＊","－"))

実際に、IF関数をネストするには、次のように操作します。

1. セルJ6をクリックし、[数式]タブの [論理]ボタンをクリックして一覧から[IF]をクリックします。
2. IF関数の[関数の引数]ダイアログボックスの[論理式]ボックスに「D6>=100」、[値が真の場合]ボックスに「"＊＊"」と入力します。
3. [値が偽の場合]ボックスにネストするIF関数を指定するため、まずボックス内をクリックしてカーソルを表示しておきます。
4. 「IF」と表示されている[関数]ボックスをクリックします。

5. ネストするIF関数の[関数の引数]ダイアログボックスに切り替わります。[論理式]ボックスに「D6>=80」、[値が真の場合]ボックスに「"＊"」、[値が偽の場合]ボックスに「"－"」と入力します。
6. 数式バー内の先頭の「IF」をクリックします。

7. [関数の引数]ダイアログボックスが元のIF関数の内容に切り替わり、[値が偽の場合]ボックスで手順5で設定したIF関数が表示されます。
8. [数式の結果]に結果の値が表示されていることを確認し、[OK]をクリックします。

F4キーを使う

同じ操作を繰り返すには、操作をしたあと、次のセルでF4キーを押します。

通貨の表示形式の仕様

通貨の表示形式を設定すると、自動的に小数点以下が四捨五入して表示されます。セルには元の値が保持されているので、[ホーム]タブの[小数点以下の表示桁数を増やす]ボタンを使って小数点以下の数値を表示することもできます。

セル内の表示

列幅が数値の桁数よりも狭い場合、「###」と表示されます。その場合は、その列を自動調整して数値がすべて表示されるようにしましょう。

●表の完成

表の体裁を整えて、ブックを上書き保存しましょう。

1. 次の完成図を参考に、書式を設定します。

	A	B	C	D	E	F	G	H	I	J	K
1	営業別売上比較表										
2											
3		A機種		B機種							
4	営業所	単価	¥29,800	単価	¥49,800	総売上高	構成比	次年度売上目標	評価1	評価2	
5		販売数	売上高	販売数	売上高						
6	渋谷	50	1,490,000	120	5,976,000	7,466,000	17.4%	8,586,000	＊	＊＊	
7	新宿	51	1,519,800	115	5,727,000	7,246,800	16.8%	8,334,000	＊	＊＊	
8	八王子	38	1,132,400	78	3,884,400	5,016,800	11.7%	5,769,000	−	−	
9	横浜	52	1,549,600	105	5,229,000	6,778,600	15.8%	7,795,000	＊	＊＊	
10	川崎	48	1,430,400	90	4,482,000	5,912,400	13.7%	6,799,000	−	＊	
11	千葉	35	1,043,000	98	4,880,400	5,923,400	13.8%	6,812,000	−	＊	
12	大宮	40	1,192,000	70	3,486,000	4,678,000	10.9%	5,380,000	−	−	
13	合計	314	9,357,200	676	33,664,800	43,022,000	100.0%	49,475,000			
14	平均	45	1,336,743	97	4,809,257	6,146,000					
15	最大値	52	1,549,600	120	5,976,000	7,466,000					
16	最小値	35	1,043,000	70	3,486,000	4,678,000					
17											

・次のセル範囲に、セルを結合して中央揃えを設定する
   セルB3 〜 C3   セルD3 〜 E3   セルA4 〜 A5
   セルF4 〜 F5   セルG4 〜 G5   セルH4 〜 H5
   セルI4 〜 I5   セルJ4 〜 J5
・「単価」、「販売数」、「売上高」、「合計」、「平均」、「最大値」、「最小値」の項目名、各営業所名（渋谷〜大宮）および、評価1、評価2のデータをセル内で中央に配置する
・データを入力したセル範囲すべてに格子状の罫線を設定する
・次のセル範囲に、それぞれ太い外枠を設定する
   セルB3 〜 C16   セルD3 〜 E16   セルF4 〜 F16
   セルG4 〜 G13   セルH4 〜 H13   セルI4 〜 J12
・次のセルの背景色に「テーマの色」の「濃い青、テキスト2、白+基本色75%」を設定する
   「A機種」、「B機種」、「営業所」〜「評価2」の項目名
   「合計」〜「最小値」の項目名と数値データ
   セルG13 〜 H13
・セルC4とE4に「￥付きの3桁区切り」を設定する
・[ホーム]タブの[小数点以下の表示桁数を減らす]ボタンを使ってセルB14とセルD14の小数点以下を四捨五入する
・「単価」と「構成比」以外の数値データに「3桁区切り」を設定する

2. [上書き保存]ボタンをクリックして、ブックを上書き保存します。

練習問題

1 入力内容を参考にデータを入力し、データの配置を整えましょう。
- セルA4、B4、A6、A9〜D9、A18〜A19、A21は、文字をセルの中央に配置する
- セルD1の年月は、作成時の実際の年月を入力してもよい
- A列の列幅を自動調整する

入力内容

	A	B	C	D
1	■小遣い管理表			20XX年○月分
2				
3	＜収入＞			
4	項目	金額		
5	アルバイト	68000		
6	収入の計			
7				
8	＜支出＞			
9	項目	金額	構成比	来月予算
10	飲食費	25000		
11	携帯電話代	6500		
12	交際費	18000		
13	学用品	1200		
14	書籍代	3000		
15	被服費	10000		
16	雑費	3000		
17	貯金（収入の15%）			
18	支出の計			
19	平均金額			
20				
21	差し引き残高			

2 SUM関数を使って、「収入の計」と「支出の計」に合計を求めましょう。

3 セルB17の「貯金（収入の15%）」は、「収入の計×15%」の数式を入力して求めましょう。

4 AVERAGE関数を使って、セルB19に支出の「金額」の平均を求めましょう。

5 セルB21の「差し引き残高」は、「収入の計－支出の計」の数式を入力して求めましょう。

6 セルC10〜C18に「構成比」を求めましょう。支出の計は絶対参照を使用して数式を入力し、パーセントスタイルを設定して小数点第1位まで表示します。

7 セルD10〜D18の「来月予算」は、「金額×95%」の数式を入力して求めましょう。ROUND関数を使って、計算結果の十の位を四捨五入します。

8 IF関数を使って、セルC21に「支出の計」が「収入の計」より大きい場合は「使いすぎ！」と表示する数式を入力しましょう。「支出の計」が「収入の計」を上回っていない場合は空白のままにします。

9 6行目に行を挿入して、セルA6に「臨時収入」、セルB6に「10000」と入力しましょう。合計のセル範囲が変更になるため、セルB7のSUM関数の引数を修正します。

10 次の書式を設定して、表の体裁を整えましょう。
- ＜収入＞と＜支出＞以外のデータを入力したセル範囲に格子状の罫線を設定する
- 次のセルの背景色に「テーマの色」の「オレンジ、アクセント2、白＋基本色80%」を設定する
  「項目」、「金額」、「収入の計」、「項目」〜「来月予算」の項目名、「支出の計」、「平均金額」、「差し引き残高」
- 「構成比」以外の数値データに「3桁区切り」を設定する
- 「収入の計」、「支出の計」、「差し引き残高」に「¥付きの3桁区切り」、フォントサイズ「14」を設定する
- セルC22のフォントの色を「標準の色」の「赤」を設定し、C列の列幅を自動調整する

11 「E-L03-01」という名前で、［保存用］フォルダーに保存しましょう。

1 入力内容を参考にデータを入力し、データの配置を整えましょう。
- 「商品」、「販売数量（個）」、「構成比」～「売上目標」の見出しは、結合したセルの中央に配置する
- 「本店」～「合計」のセルは、文字をセルの中央に配置する
- A列の列幅を「11.00」、B～F列の列幅を「7.00」に変更する

入力内容

	A	B	C	D	E	F	G	H	I	J	K	L
1	販売数量一覧											
2												
3	商品	販売数量（個）			合計	構成比	主力商品	先月	対先月比	増減	売上目標	
4		本店	駅前店	南町店								
5	プレーン	780	1004	615				2648				
6	イチゴ	826	1231	786				2357				
7	バナナ	614	683	592				1820				
8	フルーツ	1005	1257	1128				3854				
9	ショコラ	931	854	773				2208				
10	小豆	457	580	466				1486				
11	抹茶	386	512	330				1127				
12	アーモンド	542	776	691				2015				
13												
14												

2 SUM関数を使って、「合計」を求めましょう。

3 各商品の全店の合計販売数量（**2**で求めた「合計」）が全商品の全店の合計販売数量に占める割合を、「構成比」に求めましょう。分母の値はSUM関数を使って指定し、パーセントスタイルを設定して小数点第1位まで表示します。

4 IF関数を使って、「主力商品」に「合計」が2500以上の場合は「◎」と表示する数式を入力しましょう。2500未満の場合は空白のままにします。

5 「対先月比」は、「合計÷先月」の数式を入力して求めましょう。パーセントスタイルを設定し、小数点第2位まで表示します。

6 IFS関数を使って、「増減」を求めましょう。「対先月比」が103％以上のときは「増加」、97％以上103％未満のときは「横ばい」、97％未満のときは「減少」と表示します。

7 「売上目標」では、「合計」と「先月」の平均を求めましょう。ROUNDDOWN関数を使って、平均値の一の位以下を切り捨てます。

8 表に格子状の罫線を設定したあと、商品間の横線を[スタイル]ボックスの点線（上から2番目、左端）に変更しましょう。

9 「主力商品」と「先月」の間の縦線を二重線に変更しましょう。

10 項目名のセルに次の書式を設定しましょう。
- 背景色に「標準の色」の「緑」を設定する
- フォントの色に「テーマの色」の「白、背景1」、「太字」を設定する

11 次の書式を設定して、表の体裁を整えましょう。
- 「主力商品」と「増減」の値をセルの中央に配置する
- 「販売数量（個）」、「先月」、「売上目標」の数値データに「3桁区切り」を設定する

12 「E-L03-02」という名前で、[保存用]フォルダーに保存しましょう。

Lesson 4 表示形式や関数を活用した表の作成

表示形式を活用すると、入力したデータはそのままで、表示内容を変更することができます。また、関数にはデータの個数を求めたり、ふりがなを表示するなど、数値の計算以外にも便利なものがあります。このような表作成に便利な機能は、積極的にマスターするようにしましょう。ここでは、表作成で知っておくとよい便利な機能や関数を学習します。

キーワード

- □□日付の表示形式
- □□COUNT関数
- □□COUNTA関数
- □□[ユーザー定義]の 表示形式
- □□PHONETIC関数
- □□ふりがな機能
- □□RANK.EQ関数
- □□AND関数
- □□OR関数
- □□メモ機能

このレッスンのポイント

- ▶ 日付の表示形式を設定する
- ▶ データの個数を求める
- ▶ ふりがなを表示する
- ▶ 順位を付ける
- ▶ 条件を組み合わせて値を判定する
- ▶ セルにメモを付ける

完成例（ファイル名：パソコン技能試験成績表.xlsx）

	A	B	C	D	E	F	G	H	I	J	K	L
1	パソコン技能試験成績表					試験日		2024/10/25				
2						受験者数		8人				
3												
4	学籍番号	氏名	フリガナ	ワープロ	表計算	合計	順位	判定1	判定2			
5	20115	芝浦 豊彦	シバウラ トヨヒコ	70	74	144	3	合格	合格			
6	20208	岩城 武	イワキ タケシ	58	63	121	8	×	×			
7	20254	村山 恵子	ムラヤマ ケイコ	62	80	142	4	×	合格			
8	20331	西原 弘	ニシハラ ヒロシ	83	52	135	5	×	合格			
9	20417	佐々木 るい	ササキ ルイ	76	88	164	1	合格	合格			
10	20426	中西 健太	ナカニシ ケンタ	44	78	122	7	×	合格			
11	20448	三宅 和久	ミヤケ カズヒサ	88	60	148	2	×	合格			
12	20539	本田 明美	ホンダ アケミ	69	58	127	6	×	×			
13												

User01:
合格条件はワープロ、表計算ともに70点以上

日付の表示形式を設定する

表示形式とはセル内のデータをどのように表示するかを設定するもので、「通貨」、「パーセンテージ」、「日付」などの種類があります。「日付の表示形式」には、「10月25日」や「2024/10/25」など、いろいろな形式が用意されています。

●データの入力
ここでは表の基になる項目や数値を入力し、SUM関数を使って点数の合計を求めます。最後にブックを保存しましょう。

1. 2の画面を参考に、数値や文字を入力します。
　　・後でふりがなを変更するため、セルB6の「岩城　武」は、「いわしろ　たけし」という読みで入力する
2. 入力した氏名に合わせて、B列の列幅を自動調整します。

	A	B	C	D	E	F	G	H	I	J
1	パソコン技能試験成績表						試験日			
2							受験者数			
3										
4	学籍番号	氏名	フリガナ	ワープロ	表計算	合計	順位	判定1	判定2	
5	20115	芝浦　豊彦		70	74					
6	20208	岩城　武		58	63					
7	20254	村山　恵子		62	80					
8	20331	西原　弘		83	52					
9	20417	佐々木　るい		76	88					
10	20426	中西　健太		44	78					
11	20448	三宅　和久		88	60					
12	20539	本田　明美		69	58					

3. セルF5～F12に、SUM関数を使って「ワープロ」と「表計算」の数値の合計を求めます。
4. 作成したブックを「パソコン技能試験成績表」という名前で、［保存用］フォルダーに保存します。

●日付の表示形式の設定
ここでは、セルH1～I1を結合して日付「10/25」を入力したあと、表示形式（「2024/10/25」）を設定してみましょう。

1. セルH1～I1を範囲選択し、［ホーム］タブの ［セルを結合して中央揃え］ボタンをクリックします。
2. 結合したセルに「10/25」と入力します。「10月25日」と表示されます。
3. 「10/25」と入力したセルをクリックします。
4. ［ホーム］タブの ［数値の書式］ボックスの▼をクリックし、［短い日付形式］をクリックします。

日付について
ここでは、2024年に入力した場合の画面になっています。年数を省略すると、入力したときの年数が自動的に追加されます。

［数値の書式］ボックス
［ホーム］タブの［数値の書式］ボックスでは、日付の表示形式以外にも、通貨や分数などの表示形式を設定できます。

活用

日付の表示形式は、[セルの書式設定]ダイアログボックスの[表示形式]タブでも変更することができます。たとえば、「2024年10月25日」のように表示するには、次のように操作します。

1. [ホーム]タブの[数値]グループ右下の [表示形式]ボタンをクリックします。[セルの書式設定]ダイアログボックスの[表示形式]タブが表示されます。
2. [分類]ボックスの[日付]をクリックします。
3. [種類]ボックスの一覧から[2012年3月14日]をクリックします。
4. [サンプル]に「2024年10月25日」と表示されていることを確認し、[OK]をクリックします。「2024年」の部分は作業している年数が表示されます。

なお、[カレンダーの種類]ボックスでは、西暦（グレゴリオ暦）と和暦を切り替えることができます。

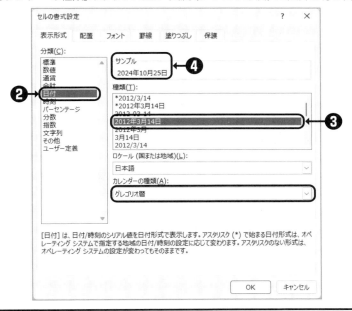

活用

常に現在の日付を表示したいときは、TODAY関数が便利です。「=TODAY()」と入力すると、自動的に現在の日付が表示されます。今日の日付と時刻を自動的に挿入したい場合は、NOW関数を使用します。書式は、「=NOW()」です。TODAY関数やNOW関数は、ブックを開いた時点でその日の日付や時刻に変更されてしまいます。請求書や日付が更新されると困るような表には使用しないよう注意しましょう。

今日の日付を、更新されない日付データで入力したい場合は、**Ctrl**＋**;**キーを押します。時刻は、**Ctrl**＋**:**キーを押します。

データの個数を求める

入力したデータ件数などを調べたいとき、「COUNT関数」を使うと、数値データが入力されているセルの個数を簡単に求めることができます。引数には、セルの個数を求めるセル範囲を指定します。

> COUNT関数の書式　　=COUNT(値1 [, 値2 ···])

●データの個数の算出
ここでは、COUNT関数を使って「学籍番号」のセルの個数を調べ、受験者数を求めましょう。

1. セルH2をクリックします。
2. [ホーム]タブの[Σ▼][合計]ボタンの▼をクリックし、一覧から[数値の個数]をクリックします。COUNT関数の数式が、「=COUNT()」のように表示されます。

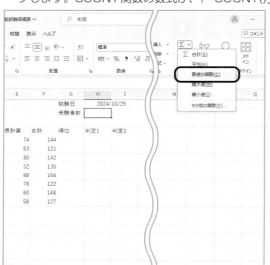

3. セルA5～A12を範囲選択して、データの個数を調べるセル範囲を指定します。
4. COUNT関数の数式が正しいことを確認して**Enter**キーを押します。数値データを入力しているセルの個数が求められます。

COUNT関数の操作方法
引数の指定方法など、数式を入力、編集する操作は、AVERAGE関数と同様です。

COUNTA関数
COUNT関数で数えられるのは、数値データが入力されているセルだけです。空白以外の文字も含めたデータの個数を求めたいときは、「COUNTA関数」を使います。引数は、COUNT関数と同様です。

●独自の表示形式の設定

ここでは、受験者数に「人」という単位を付けて表示してみましょう。単位などのように、数値に特定の文字を付けて数値データを表示するには、「[ユーザー定義]の表示形式」を設定します。

1. セルH2をクリックし、[ホーム]タブの[数値]グループ右下の [表示形式]ボタンをクリックします。[セルの書式設定]ダイアログボックスの[表示形式]タブが表示されます。
2. [分類]ボックスの[ユーザー定義]をクリックします。
3. [種類]ボックス内をクリックし、「G/標準」の右に「"人"」と入力します。
4. [サンプル]に「8人」と表示されていることを確認し、[OK]をクリックします。

表示する文字の指定
表示する文字は「"」で囲んで指定します。数値の前に文字を付けたいときは、「G/標準」の左側に入力します。

[ユーザー定義]の表示形式の削除
[ユーザー定義]で設定した表示形式は、[種類]ボックスの下の一覧に追加されます。追加した表示形式を削除するには、[種類]ボックスの一覧で目的の表示形式を選択して[削除]をクリックします。

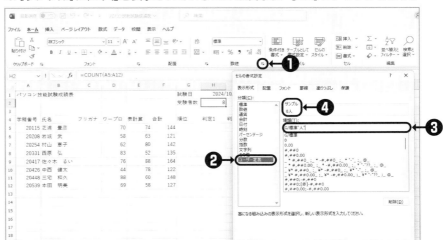

活用

[ユーザー定義]には、いろいろな表示形式があらかじめ登録されています。[種類]ボックスの下の一覧から表示形式を選択して[OK]をクリックすると、選択した表示形式を設定できます。また、次のような記号を使って、独自の表示形式を設定することもできます。

・数値の表示形式

表示形式	入力データ	表示結果
#,###	1234	1,234
	0	空白になる
#,##0	1234	1,234
	0	0
0000	12	0012

※「#」や「0」は、どちらも数値の位取りを表します。「#」は有効な桁数だけを表示し、余分な「0」を表示しません。「0」は、指定した桁数に合わせて「0」を表示します。

・日付の表示形式

表示形式	表示結果	表示形式	表示結果
yy/m/d	24/10/25	yyyy"年"m"月"d"日"	2024年10月25日
yyyy/mm/dd	2024/10/25	yy"年"m"月"d"日"	24年10月25日
d-mmm	25-Oct	m"月"d"日"	10月25日
dd-mmmm	25-October	m"月"d"日"(aaa)	10月25日(金)
m/dd(ddd)	10/25(Fri)	m"月"d"日"(aaaa)	10月25日(金曜日)
m/dd(dddd)	10/25(Friday)	mm/dd(aaa)	10/25(金)

※「表示結果」は、「2024/10/25」を入力した場合の例です。

ふりがなを表示する

セルに入力したデータの読みは、自動的に記憶されています。「PHONETIC関数」を利用すると、その読みをふりがなとして簡単に表示できます。引数には、読みを表示する文字を入力しているセルを指定します。

PHONETIC関数の書式　　=PHONETIC（参照）

●関数を使ったふりがなの表示

ここではPHONETIC関数を使って、「フリガナ」に「氏名」の読みを表示してみましょう。

1. セルC5に「=PHONETIC(B5)」と入力し、**Enter** キーを押します。ふりがなが表示されます。

2. セルC5をクリックし、C5の右下にあるフィルハンドルをポイントして、マウスポインターの形が＋に変わったらセルC12までドラッグします。セルC6～C12に数式がコピーされ、氏名ごとにふりがなが表示されます。

3. ふりがなに合わせて、C列の列幅を自動調整します。

関数の入力

数式オートコンプリートが有効になっている場合、「=p」と入力すると、「p」で始まる関数名が一覧に表示されます。一覧に表示される関数名が多い場合は、2文字目も入力すると関数を絞り込むことができます。
「PHONETIC」を選択して**Tab**キーを押すと、関数名を効率よく入力できます。

ふりがなの書式

PHONETIC関数で表示したふりがな（C列）は、通常のセルのデータと同じように、フォントやフォントサイズを変更できます。

●ふりがなの修正

PHONETIC関数で表示したふりがなを修正するには、「ふりがな機能」を使います。ここでは、「岩城　武」のふりがなを「イワシロ」から「イワキ」に変更してみましょう。

1. セルB6をクリックします。
2. [ホーム]タブの [ふりがなの表示/非表示]ボタンの▼をクリックし、一覧から[ふりがなの編集]をクリックします。文字の上にふりがなが表示されます。
3. 「岩城」の上部に表示されているふりがなをクリックし、「イワキ」に修正します。

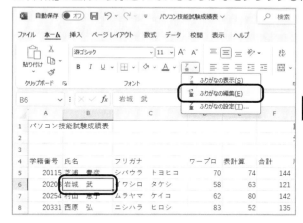 

4. 他のセルをクリックして、ふりがなの修正を終了します。
5. セルC6のふりがなも「イワキ」に変更されていることを確認します。

> **ふりがな機能**
> [ふりがなの表示/非表示]ボタンを使うと、文字の上部にふりがなを表示できます。クリックするごとに、ふりがなの表示、非表示が切り替わります。
>
> **ふりがなの表示**
> データベースなど、外部から取り込んだり、コピーしたりしたデータは、ふりがなが表示されない場合があります。その場合は、[ふりがなの編集]を選択して、同様にふりがなを追加していく必要があります。

活用

初期設定では、ふりがなはカタカナで表示されます。ふりがなの表示をひらがなに変更するには、[ホーム]タブの [ふりがなの表示/非表示]ボタンの一覧から[ふりがなの設定]を選択し、[ふりがなの設定]ダイアログボックスの[ふりがな]タブで[種類]の[ひらがな]を選択します。[配置]では、下のサンプルを確認しながら、ふりがなの配置を指定できます。
また、[フォント]タブでは、ふりがなの文字のフォントやフォントサイズを変更できます。

順位を付ける

数値データに順位を付けたいときは、「RANK.EQ関数」を使います。第1引数(「数値」)には順位を調べたい値、第2引数(「参照」)には順位を調べるセル範囲を指定します。第3引数(「順序」)は、数値データの小さい順に順位を付けたいときに設定します。

> RANK.EQ関数の書式 　　=RANK.EQ(*数値, 参照[, 順序]*)

ここでは、「合計」の数値の大きい順に順位を付けます。[関数の挿入]ダイアログボックスを使って順位に関する関数を検索し、RANK.EQ関数を入力してみましょう。

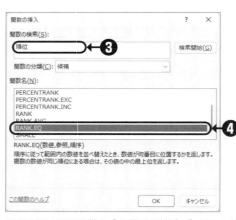

1. セルG5をクリックします。
2. 数式バーの *fx* [関数の挿入]ボタンをクリックします。[関数の挿入]ダイアログボックスが表示されます。
3. [関数の検索]ボックスに「順位」と入力し、[検索開始]をクリックします。[関数名]ボックスの一覧に検索された関数名が表示されます。
4. [RANK.EQ]をクリックし、[OK]をクリックします。
5. RANK.EQ関数の[関数の引数]ダイアログボックスの[数値]、[参照]ボックスに引数を設定します。まず[数値]ボックスにカーソルがあることを確認し、セルF5をクリックします。次に[参照]ボックスをクリックし、セルF5～F12を範囲選択して、「F5:F12」と表示されたら**F4**キーを押して絶対参照にします。
6. [数式の結果]に値が表示されていることを確認し、[OK]をクリックします。

7. 「合計」の数値を基準にした順位が表示されます。
   セルG5の右下にあるフィルハンドルをポイントし、マウスポインターの形が＋に変わったらセルG12までドラッグします。セルG6～G12に数式がコピーされ、順位が求められます。

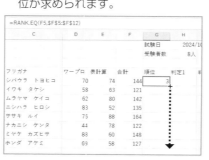

RANK.EQ関数

Excel 2010から、RANK関数と同様の順位を付けるRANK.EQ関数が追加されています。RANK関数はExcel 2007までのバージョンとの互換性を保つために残されています。互換用の関数は、[関数の挿入]ダイアログボックスの[関数の分類]ボックスで[すべて表示]または[互換性]を選択すると表示されます。数式オートコンプリートが有効になっている場合に表示される一覧では、互換用の関数は、関数名の前のアイコンで確認できます(以下は「=rank」と入力した場合に表示される一覧)。

引数「順序」

数値の小さい順に順位を付けたいときは、[順序]ボックスに「1」を指定します。省略または「0」を指定すると、大きい順に順位付けされます。

絶対参照の指定

右の画面のように数式をコピーして複数のセルの順位を求める場合、引数「参照」のセル範囲には絶対参照を設定します。ただし、同じ列内でコピーするだけなら「F$5:F$12」のように行番号だけを固定してもよいでしょう。

活用

特定の順位のデータを調べたいときは、LARGE関数やSMALL関数を使います。たとえば「=LARGE(F5:F12,3)」という数式を入力すると、セル範囲F5:F12の中で大きい方から3番目のデータが表示されます。小さい方から調べたいときは、関数名を「SMALL」に変えて同じように引数を指定します。

```
LARGE関数の書式    =LARGE(配列,順位)
SMALL関数の書式    =SMALL(配列,順位)
```

条件を組み合わせて値を判定する

複数の条件を満たすかどうかの判定には、IF関数に「AND関数」や「OR関数」をネストさせます。複数の条件を「かつ」で結ぶときはAND関数、「または」で結ぶときはOR関数を使います。

```
AND関数の書式    =AND(論理式1[,論理式2…])
OR関数の書式     =OR(論理式1[,論理式2…])
```

● 「AかつB」という条件の設定

ここでは、AND関数をネストしたIF関数を入力して、「ワープロ、表計算とも70点以上」のときは「合格」、条件を満たさないときは「×」を表示しましょう。

1. セルH5をクリックし、[数式]タブの[論理]ボタンをクリックして一覧から[IF]をクリックします。
2. IF関数の[関数の引数]ダイアログボックスの[論理式]ボックスにAND関数を使って複数の条件を指定します。ここでは「AND(D5>=70,E5>=70)」と入力します。
3. [値が真の場合]ボックスに「合格」、[値が偽の場合]ボックスに「×」と入力します。
4. [数式の結果]に結果の値が表示されていることを確認し、[OK]をクリックします。

「"」の省略
引数に文字や記号を指定する場合は、「"」で囲みます。省略した場合は、自動的に「"」が追加されます。

AND関数の書式
AND関数の引数には、複数の論理式（条件）を「,」で区切って指定します。引数に指定した条件をすべて満たす場合は「TRUE」、満たさない場合は「FALSE」の結果を返します。

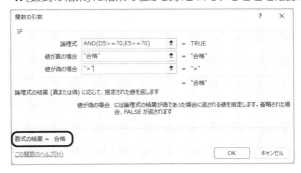

5. 条件を満たしているので「合格」が表示されます。
   セルH5の右下にあるフィルハンドルをポイントし、マウスポインターの形が＋に変わったらセルH12までドラッグします。「ワープロ」と「表計算」とも70点以上の場合は「合格」、いずれかまたはともに70点未満の場合は「×」が表示されます。

●「AまたはB」という条件の設定

ここでは、OR関数をネストしたIF関数を入力して、「ワープロ、表計算のいずれかが70点以上」のときは「合格」、条件を満たさないときは「×」を表示しましょう。

1. セルI5をクリックし、[数式]タブの [論理]ボタンをクリックして一覧から[IF]をクリックします。
2. IF関数の[関数の引数]ダイアログボックスの[論理式]ボックスにOR関数を使って複数の条件を指定します。ここでは「OR(D5>=70,E5>=70)」と入力します。
3. [値が真の場合]ボックスに「合格」、[値が偽の場合]ボックスに「×」と入力します。
4. [数式の結果]に結果の値が表示されていることを確認し、[OK]をクリックします。

5. 条件を満たしているので「合格」が表示されます。
   セルI5の右下にあるフィルハンドルをポイントし、マウスポインターの形が＋に変わったらセルI12までドラッグします。「ワープロ」と「表計算」のいずれかが70点以上の場合は「合格」、ともに70点未満の場合は「×」が表示されます。

OR関数の書式

OR関数の引数には、複数の論理式（条件）を「,」で区切って指定します。引数に指定したいずれかの条件を満たす場合は「TRUE」、満たさない場合は「FALSE」の結果を返します。

活用

[関数の引数]ダイアログボックスを使って、IF関数の引数[論理式]にAND関数やOR関数を入力することもできます。引数の指定などがわかりにくい場合は、ヒントなども表示されるので効率的です。ネストする関数を[関数の引数]ダイアログボックスから指定するには、次のように操作します。

1. IF関数の[関数の引数]ダイアログボックスで[論理式]ボックスにカーソルがあることを確認します。
2. [関数]ボックスの▼をクリックし、一覧から[AND]または[OR]をクリックして、指定した関数の[関数の引数]ダイアログボックスを表示します。一覧に関数名がないときは[その他の関数]をクリックし、[関数の挿入]ダイアログボックスから指定します。
3. ネストさせる関数の引数を設定します。
4. 次に、数式バーの「IF」の文字上をクリックします。
5. 再度、IF関数の[関数の引数]ダイアログボックスが表示されたら、IF関数の[値が真の場合]、[値が偽の場合]ボックスに値を指定し、[OK]をクリックします。

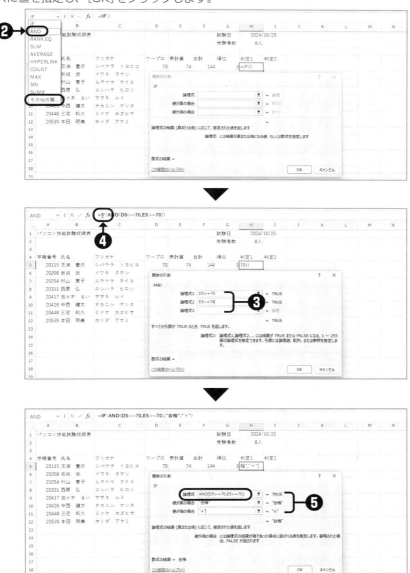

57

セルにメモを付ける

ノートに付箋を貼るように、セルにメモを付けたいときは「メモ機能」を使います。メモを挿入したセルの右上隅には赤い ■ が表示され、ポイントするとメモの内容を確認することができます。

その他の方法
セルを右クリックし、ショートカットメニューの[新しいメモ]をクリックしてもメモを挿入できます。

メモの変更
メモを表示するには、該当のセルを選択するか、[校閲]タブの[メモ]ボタンの[メモの表示/非表示]で切り替えます。[メモ]ボタンから、メモの編集や削除などができます。

●コメントの挿入

ここでは、セルH4にメモを挿入してみましょう。

1. セルH4をクリックし、[校閲]タブの [メモ]ボタンをクリックして一覧から[新しいメモ]をクリックします。
2. 表示されたメモに「合格条件はワープロ、表計算ともに70点以上」と入力します。
3. シート上のメモ以外の場所をクリックして、メモを確定します。

	A	B	C	D	E	F	G	H	I	J
1	パソコン技能試験成績表						試験日	2024/10/25		
2							受験者数	8人		
3										
4	学籍番号	氏名	フリガナ	ワープロ	表計算	合計	順位	判定1	User01:合格条件はワープロ、表計算ともに70点以上	
5	20115	芝浦 豊彦	シバウラ トヨヒコ	70	74	144	3	合格		
6	20208	岩城 武	イワキ タケシ	58	63	121	8	×		
7	20254	村上 恵子	ムラヤマ ケイコ	62	80	142	4	×	合格	
8	20331	西原 弘	ニシハラ ヒロシ	83	52	135	5	×	合格	
9	20417	佐々木 るい	ササキ ルイ	76	88	164	1	合格	合格	

活用

メモ機能はユーザーがメモ代わりに使用します。一方、新しいコメント機能では、コメント内で返信をするなど、他のユーザーと内容について対話できるようになっており、スレッド形式で会話が表示されます。
コメントを挿入するには、[校閲]タブの [新しいコメント]ボタンをクリックします。表示されたコメント画面のボックスに入力して[コメントを投稿する]をクリックします。他のユーザーは「返信」と表示されたボックスに入力することで、スレッド形式で対話ができます。

●表の完成

表の体裁を整えて、ブックを上書き保存しましょう。

1. 次の書式を設定します。
    - 表に格子状の罫線を設定する
    - 行番号5～12の行間の横線を[スタイル]ボックスの点線(上から2番目、左端)に変更する
    - 項目名と「判定1」、「判定2」の項目名とデータをセル内で中央に配置する
    - 項目名のセルの背景色に「標準の色」の「オレンジ」を設定する
2. [上書き保存]ボタンをクリックして、ブックを上書き保存します。

練習問題

1 入力内容を参考にデータを入力し、データの配置を整えましょう。
・「標準記録A」や「標準記録B」は、結合したセルの中央に配置する

2 B列の列幅を「12.00」、I～L列の列幅を「6.00」に変更しましょう。

入力内容

	A	B	C	D	E	F	G	H	I	J	K	L	M
1	走り幅跳び（男子）記録						記録日	6月14日		標準記録A		7.45	
2							人数			標準記録B		7.25	
3													
4	学年	氏名	フリガナ	自己記録	第1回	第2回	第3回	記録	順位	判定1	判定2	判定3	
5	1	丸山　秀治		7.29	7.34	7.09	7.16						
6	1	山下　隆太		7.14	6.85	7.2	6.97						
7	2	横田　宇宙		7.64	7.36	7.33	7.05						
8	2	岡　雅之		7.36	6.94	7	6.84						
9	2	中野　吾郎		7.19	7.21	7.06	7.18						
10	3	福留　史夫		7.4	7.51	7.08	6.62						
11	4	宮川　信孝		7.22	7.04	7.42	6.73						

3 セルG1～H1を結合して中央揃えにし、日付の表示形式を「20XX-06-14」に変更しましょう。

4 COUNT関数を使ってセルG2に「学年」のセルの個数を求め、「人」という単位を付けて表示しましょう。

5 PHONETIC関数を使って「フリガナ」に「氏名」のよみを表示し、C列の列幅を「18.00」に変更しましょう。

6 「横田　宇宙」（セルB7）のふりがなを「ヨコタ　ソラ」に変更しましょう。

7 MAX関数を使って、「記録」に「第1回」～「第3回」の最大値を求めましょう。

8 RANK.EQ関数を使って、「順位」に「記録」の高い順の順位を表示しましょう。

9 IF関数を使って、「判定1」と「判定2」を求めましょう。
・「判定1」は、「自己記録」または「記録」が「標準記録A」の値（セルL1）以上の場合は「A」と表示し、「標準記録A」に満たない場合は空白のままにする
・「判定2」は、「自己記録」または「記録」が「標準記録B」の値（セルL2）以上の場合は「B」と表示し、「標準記録B」に満たない場合は空白のままにする

10 IF関数を使って、「判定3」に「第1回」～「第3回」の値がすべて7以上の場合は「◎」を表示しましょう。いずれかが7に満たない場合は空白のままにします。

11 セルL4に「3回とも7m以上」というメモを付けましょう。

12 セルD5～H11の数値データに「0.00」の表示形式を設定しましょう。

13 次の罫線を設定しましょう。
・セルF1～H1とセルF2～G2に下罫線を設定する
・セルJ1～L2とセルA4～L11に格子状の罫線を設定する
・「自己記録」の左右の縦線を二重罫線に変更する

14 次の書式を設定して、表の体裁を整えましょう。
・「学年」～「判定3」、「記録日」、「人数」の各項目、「学年」、「順位」～「判定3」のデータをセルの中央に配置する
・項目名の背景色に「テーマの色」の「白、背景1、黒＋基本色15％」を設定する

15 「E-L04-01」という名前で、[保存用]フォルダーに保存しましょう。

1 入力内容を参考にデータを入力し、データの配置を整えましょう。
・「店名」、「来客数(人)」、「合計」～「来客数少ない順」の見出しは、結合したセルの中央に配置する
・「集計期間」、「～」と見出しのセルは、文字をセルの中央に配置する

2 セル内に、店名のよみを均等に割り付けて表示しましょう。

入力内容

	A	B	C	D	E	F	G	H	I	J	K
1	店舗別来客数						集計期間	1月4日	～	3月31日	
2											
3	店名	来客数(人)			合計	前年同期	増減	分析1	分析2	来客数 少ない順	
4		1月	2月	3月							
5	イマバリテン 今治店	1785	1642	1570		4405					
6	コンピラテン 金毘羅店	1423	1587	1633		4640					
7	タマガワテン 玉川店	1652	1736	1784		5272					
8	オチテン 越智店	1754	1652	1329		4822					
9	シドテン 志度店	1842	1567	1678		4251					
10	ナカテン 那加店	1687	1542	1584		5038					
11											

3 セルH1とJ1の日付の表示形式を「〇/〇」に変更しましょう。

4 SUM関数を使って、「合計」を求めましょう。

5 「合計-前年同期」で「増減」を求めましょう。

6 「1月」～「3月」の数値データに「3桁区切り」を設定しましょう。

7 「合計」と「前年同期」の数値データに、「#,##0」の表示形式に「人」という単位を付けて表示しましょう。

8 「増減」に数値の表示形式を設定して、「-」(マイナス)の代わりに「▲」が表示されるように設定しましょう。

9 IF関数を使って、「分析1」に3か月連続で来客数が減少している場合は「減少傾向」、そうでない場合は「-」を表示しましょう。

10 IF関数を使って、「分析2」に「増減」が0未満または「分析1」が「減少傾向」の場合は「要対策」、そうでない場合は「-」を表示しましょう。

11 RANK.EQ関数を使って、「来客数少ない順」に「合計」の小さい順の順位を表示しましょう。

12 「来客数(人)」のセルに「延べ人数」というメモを付けましょう。

13 次の罫線を設定しましょう。
・セルG1とセルH1～J1に外枠罫線を設定する
・セルA3～J10に格子状の罫線を設定する

14 次の書式を設定して、表の体裁を整えましょう。
・「分析1」～「来客数少ない順」のデータをセルの中央に配置する
・項目名のセルの背景色に「テーマの色」の「白、背景1、黒+基本色15%」を設定する

15 「E-L04-02」という名前で、[保存用]フォルダーに保存しましょう。

Lesson 5 定型の表を作成する操作

Excelでは、1つのブックで複数のシートを管理できます。ここではブックを構成するシートの数や名前を変更する方法、別のシートのデータをコピーする方法を学習します。また、Excelには「申請書」や「納品書」のようなフォーマットの決まった文書に便利な機能も用意されています。入力する内容を制限する方法や、関数を使ってコードに応じて科目名を表示させる方法、データやシートを保護する機能など、定型文書に便利な機能をマスターしましょう。

キーワード

- □□シートの切り替え
- □□シートのコピー
- □□シートの追加・削除
- □□シート名の変更
- □□入力規則
- □□入力の制限
- □□VLOOKUP関数
- □□XLOOKUP関数
- □□シートの保護
- □□セルのロック
- □□シートの表示・非表示
- □□ブックの保護

このレッスンのポイント

▶ シートを切り替える
▶ シートの数や名前を変更する
▶ セルに入力できる値を制限する
▶ 品名や価格を自動入力する
▶ シート内のデータを保護する
▶ シートの構成を保護する

完成例（ファイル名：履修申請書.xlsx）

シートを切り替える

画面上に表示する「シートを切り替える」には、シート見出しをクリックします。シートごとに異なるデータを入力したり、シート間でデータを移動・コピーしたりすることもできます。目的や内容によって、データを保存するシートを上手に使い分けましょう。

●シートの切り替えとデータの入力

ここではブック「カリキュラム表.xlsx」を開いた後、シート「Sheet2」に履修申請書を作成します。最後にブックを別のフォルダーに保存し直しましょう。

1. ブック「カリキュラム表.xlsx」を開きます。
2. シート見出しの「Sheet2」をクリックします。シート「Sheet2」に切り替わります。
3. 次の画面を参考に、履修申請書を作成します。
   ・B列の列幅を「28.00」、C列の列幅を「12.00」に変更する
   ・項目のセルは、セル内の中央に配置し、背景色に「テーマの色」の「オレンジ、アクセント2、白＋基本色60％」を設定する
   ・画面を参考に、セル範囲に格子状の罫線を設定する

4. 作成したブックを「履修申請書」という名前で、[保存用]フォルダーに保存します。

●シート間でのデータのコピー

ここでは、シート「Sheet1」のセルB2～E20のデータを、シート「Sheet2」に「コピー」してみましょう。

1. シート「Sheet1」のセルB2～E20を範囲選択し、[ホーム]タブの[コピー]ボタンをクリックします。
2. シート見出しの「Sheet2」をクリックしてシートを切り替えます。
3. セルF2をクリックし、[ホーム]タブの[貼り付け]ボタンをクリックします。貼り付け先の列幅のまま、データが貼り付けられます。
4. コピー元と同じ列幅にするため、[(Ctrl)] [貼り付けのオプション]をクリックします。
5. 一覧から[元の列幅を保持]のアイコンをクリックします。列幅が変更され、隠れていた文字がすべて表示されます。

シートの種類
シートには、ワークシートの他に、グラフ専用のシート（グラフシート）もあります。

シートの数
初期設定で表示されるシートの数は「Sheet1」の1枚です。ここではシートの操作を覚えるために、あらかじめ3枚のシートを用意しています。

シート見出し
シートを切り替えるには、ウィンドウの左下にある「シート見出し」をクリックします。このシート見出しを使って、シートを移動したり、コピーしたりすることができます。

選択の解除
コピー元の選択が解除されない場合は、**Esc**キーを押して解除します。

データの移動

シート間でデータを移動するには、同様の操作で、[コピー]ボタンの代わりに[切り取り]ボタンを使います。

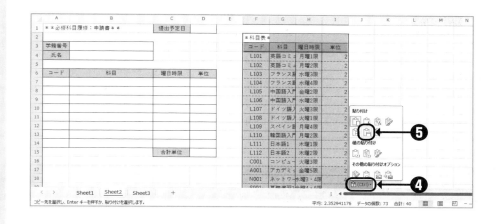

シートの数や名前を変更する

ブックを構成するシートの数やシート名は変更できます。必要に応じて、新たな「シートを追加」したり、不要な「シートを削除」したりしましょう。また、「シート名を変更」する場合は、シートの内容がすぐにイメージできるわかりやすい名前を付けましょう。

シート名に使える文字

シート名には、全角文字や半角文字、スペースも使えます。ただし、： ￥ / ? * [ ] の記号は使えません。
また、使用できる文字数はスペースを含めて31文字以内です。

●シート名の変更

ここでは、シート「Sheet1」を「科目リスト」、シート「Sheet2」を「申請書」という名前に変更しましょう。

1. シート「Sheet1」のシート見出しをダブルクリックします。シート見出しが反転します。
2. 「科目リスト」と入力し、**Enter**キーを押します。

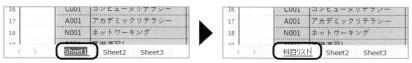

3. 同様に、シート「Sheet2」のシート見出しを「申請書」に変更します。

●シートの追加と削除

ここでは、シート「Sheet3」を削除しましょう。

シートの追加

新たにシートを追加するには、右の画面でショートカットメニューの[挿入]を選択します。またはシート見出しの右端にある[新しいシート]をクリックします。

1. シート「Sheet3」のシート見出しを右クリックし、ショートカットメニューの[削除]をクリックします。

63

> **活用**
>
> データが入力されているシートを削除する場合、削除を確認するメッセージが表示されます。削除してもよい場合は、[削除]をクリックします。シートの削除は、[ホーム]タブの[元に戻す]ボタンでは取り消せないので、注意しましょう。一時的に不要なシートは、非表示にできます。非表示にしたいシート見出しを右クリックし、ショートカットメニューの[非表示]をクリックします。再度表示するには、[再表示]をクリックして、[再表示]ダイアログボックスから表示するシートを選びます。

セルに入力できる値を制限する

セルに入力できるデータの種類や値の範囲(「〜より小さい」、「〜以上」、「〜と〜の間」など)を制限する場合は、「入力規則」を設定します。たとえば、次のようなメッセージを表示して、無効なデータが入力されるのを防ぐことができます。

●文字数の制限

ここでは、「コード」に入力できる値を4文字に制限してみましょう。

制限する文字数
制限する文字数は、半角、全角を問わず、1文字として数えられます。

1. セルA7〜A14を範囲選択します。
2. [データ]タブの[データの入力規則]ボタンをクリックします。[データの入力規則]ダイアログボックスが表示されます。
3. [設定]タブをクリックします。
4. [入力値の種類]ボックスの▼をクリックし、一覧から[文字列(長さ指定)]をクリックします。
5. [データ]ボックスの▼をクリックし、一覧から[次の値に等しい]をクリックします。
6. [長さ]ボックスに「4」と入力し、[OK]をクリックします。

[データ]ボックス
[データ]ボックスやその下に表示されるボックスは、[入力値の種類]ボックスや[データ]ボックスで選択した項目によって切り替わります。

入力規則の解除
入力規則を解除するには、セルを選択してから[データの入力規則]ダイアログボックスを表示して、[すべてクリア]をクリックします。

7. 同様の手順で、「学籍番号」(セルB3)に入力できる値を8文字に制限します。

●データの種類と値の範囲の制限

ここでは、「提出予定日」に入力できる値を本日以降の日付に制限してみましょう。

1. セルD1をクリックします。
2. [データ]タブの[データの入力規則]ボタンをクリックします。[データの入力規則]ダイアログボックスが表示されます。
3. [設定]タブをクリックします。
4. [入力値の種類]ボックスの▼をクリックし、一覧から[日付]をクリックします。
5. [データ]ボックスの▼をクリックし、一覧から[次の値以上]をクリックします。
6. [開始日]ボックスに「=TODAY()」と入力し、[OK]をクリックします。

TODAY関数
ここでは、[開始日]ボックスにTODAY関数を使って、本日以降の日付データに制限しています。数式を指定する場合は、このように先頭に「=」を入力します。

活用

[データの入力規則]ダイアログボックスの[入力時メッセージ]タブや[エラーメッセージ]タブでは、入力規則に関連した独自のメッセージを設定できます。

・[入力時メッセージ]タブ
セルを選択したとき、ポップヒントのようなメッセージを表示させることができます。

・[エラーメッセージ]タブ
条件に合わないデータを入力したとき、指定したエラーメッセージを表示させることができます。エラーメッセージには、[停止]、[注意]、[情報]の3種類があります。

停止：既定のメッセージ。条件に合わないデータは入力できない
注意：条件に合わないデータをそのまま入力するか、修正するかを選択できる
情報：メッセージは表示されるが、そのままデータを入力できる

活用

[入力値の種類]ボックスで選択する入力値の種類によって、次のように「入力の制限」ができます。

入力値の種類	制限内容
すべての値	値を制限しない(標準の設定)
整数	指定した範囲内の整数値だけに制限する
小数点数	指定した範囲内の小数を含む数値と、整数値だけに制限する
リスト	ドロップダウンリストから項目を選択できるようにする
日付	指定した範囲内の日付だけに制限する
時刻	指定した範囲内の時刻だけに制限する
文字列(長さ指定)	入力できる文字数を制限する
ユーザー設定	数式を使って、入力できる条件を指定する

品名や価格を自動入力する

「VLOOKUP関数」を使うと、コードや商品番号を入力するだけで、該当する商品名や単価などのデータを表などから検索して、自動的に表示することができます。

VLOOKUP関数の書式	=VLOOKUP(*検索値,範囲,列番号[,検索方法]*)

- ・検索値：検索する値
- ・範　囲：検索元の値があるセル範囲
- ・列番号：結果で表示するデータが、引数「範囲」の左端から何列目に入力されているかを指定
- ・検索方法：FALSEまたはTRUEを指定。省略すると、TRUEと同じ結果になる
  FALSE‥‥検索値と完全に一致するデータを検索する
  TRUE‥‥‥検索に完全一致するデータがない場合、検索値未満の最大値を検索する

●VLOOKUP関数の使用例

たとえば次のような履修申請書で、セルB7に「=VLOOKUP(A7,$F$4:$I$20,2, FALSE)」と入力した場合、「＊科目表＊」の左端の列から「L103」を検索して、同じ行内で左から2列目の値(「フランス語入門1」)を表示します。

値の検索
VLOOKUP関数を使うには、値を検索するための表(セル範囲)を用意しておく必要があります。

コードの検索
コードや商品番号など、完全に一致するデータを検索するときは、検索方法(第4引数)で「FALSE」を指定します。

HLOOKUP関数
表を横方向に検索して対応する値を表示させるときは、「HLOOKUP関数」を使います。VLOOKUP関数と同様に、コードや番号を入力するだけで、該当する商品名や単価などを自動的に表示できます。

HLOOKUP関数の書式
=HLOOKUP(検索値,範囲,行番号[,検索方法]

活用

一致する検索値が見つからない場合でも、結果を求めたいようなときには、検索方法（第4引数）に「TRUE」を指定します。「TRUE」の場合、一致する検索値が見つからないときは、検索値未満で最も大きい値が検索結果になります。
たとえば、次の設定例では、第4引数「検索方法」に「TRUE」を指定して、点数によって評価を求めています。セルB3の検索値は「70」ですが、右側の「成績判定」の点数の列に「70」はありません。そのため、「70未満」で最も大きい「60」という点数が検索結果になり、対応する「B」が結果として表示されます。

● VLOOKUP関数の入力

ここでは、VLOOKUP関数を使って、「コード」に対応する「科目」、「曜日時限」、「単位」が自動的に表示されるようにします。「科目」、「曜日時限」、「単位」のセルに、セルF4～I20の表を検索するVLOOKUP関数を入力してみましょう。

1. セルB7をクリックします。
2. [数式]タブの[検索/行列]ボタンをクリックし、一覧から[VLOOKUP]をクリックします。

3. VLOOKUP関数の[関数の引数]ダイアログボックスの[検索値]ボックスにカーソルが表示されていることを確認し、セルA7をクリックします。
4. [範囲]ボックスをクリックし、セルF4～I20を範囲選択してF4キーを押します。セル範囲に絶対参照（「$」）が指定されます。
5. [列番号]ボックスに「2」と入力します。
6. [検索方法]ボックスに「FALSE」と入力します。

「$」の指定

数式をコピーして利用する場合は、必要に応じて絶対参照や複合参照を指定します。引数「範囲」を絶対参照で指定すると、数式をコピーしても検索するセル範囲を固定しておくことができます。

7. [OK]をクリックします。

エラー値「#N/A」

エラー値「#N/A」は、関数や数式を実行するために必要なデータがない場合に表示されます。VLOOKUP関数では、検索値に指定したセルが未入力の場合や、検索する表に一致するデータがない場合に表示されます。

8.「コード」が入力されていないため、セルB7に「#N/A」が表示されます。

9. VLOOKUP関数が設定されていることを確認するため、セルA7に「L103」と入力します。セルB7には、「L103」に対応する科目「フランス語入門1」が表示されます。

活用

追加されたXLOOKUP関数は、VLOOKUP関数同様、コードや番号を入力するだけで、該当する商品名や単価などを自動的に表示できます。

> **XLOOKUPの書式**　=XLOOKUP(検索値, 検索範囲, 戻り範囲 [, 見つからない場合, 一致モード, 検索モード])

VLOOKUP関数が表示するデータを列番号で指定するのに対し、XLOOKUP関数はセル範囲（第3引数の「戻り範囲」）で指定できます。数式をコピーする際、その都度、列番号を変更せずに対応できるため効率よく作業ができます。たとえば、次の画面では、指定したコードに対応する科目を、右表の科目の一覧のセル範囲から検索して該当するデータを表示しています。また、数式を他のセルにコピーしてもエラーにならないように、引数を絶対参照または複合参照で指定しています。

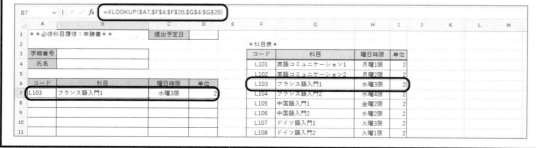

IF関数

ここでは、IF関数を使って、セルA7にコードが入力されていない場合は空欄のまま、コードが入力されていたらVLOOKUP関数を実行するように指定しています。

●エラー表示の回避

IF関数とVLOOKUP関数を組み合わせると、エラー表示を回避できます。ここでは、コードが入力されていないと表示される「#N/A」が、表示されないようにしてみましょう。

1. セルB7をクリックします。
2. 数式バー内で、先頭に「=IF(A7="","",」、末尾に「)」を追加し、**Enter**キーを押します。

3. セルB7をクリックし、セルB7の右下にあるフィルハンドルをポイントして、マウスポインターの形が+に変わったらセルB14までドラッグします。セルB8〜B14に「#N/A」が表示されないことを確認します。
4. 同様の手順でセルC7に次の数式を入力し、セル内の中央揃えに配置します。
「=IF(A7="","",VLOOKUP(A7,$F$4:$I$20,3,FALSE))」

5. 同様の手順でセルD7に次の数式を入力します。
「=IF(A7="","",VLOOKUP(A7,$F$4:$I$20,4,FALSE))」
6. セルC7〜D7を範囲選択し、セルD7の右下にあるフィルハンドルをポイントして、マウスポインターの形が+に変わったらセルD14までドラッグします。

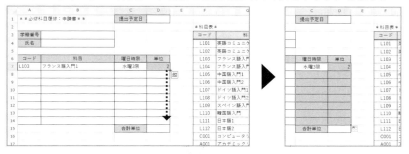

列番号の指定

「曜日時限」に、「＊科目表＊」の「曜日時限」（左端から3列目）の値を表示するには、第3引数「列番号」に「3」を指定します。同様に「単位」の引数「列番号」は、「＊科目表＊」の「単位」（左端から4列目）を表示する「4」を指定します。

●数式の入力

「合計単位」を求める数式を入力しましょう。

1. セルD15に「=SUM(D7:D14)」という数式を入力します。

シート内のデータを保護する

「シートの保護」を設定すると、シート内のデータが変更されるのを防ぐことができます。データを入力・編集できるセルを残すには、シートの保護の実行前に、あらかじめ「セルのロック」を解除しておきます。「履修申請書」や「納品書」などの定型文書で、入力欄以外のセルを操作不可にしておくと、不用意なデータで改変されるのを防ぐことができます。

●セルのロックの解除

シートの保護を設定する場合、入力・編集できるセルを残すには、あらかじめその部分のセルのロックを解除しておく必要があります。ここでは、「提出予定日」、「学籍番号」、「氏名」、「コード」の値を入力するセルのロックを解除しましょう。

1. セルD1をクリックします。
2. 続けて**Ctrl**キーを押しながら、セルB3～B4、A7～A14を範囲選択します。
3. [ホーム]タブの[フォント]グループ右下の [フォントの設定]ボタンをクリックします。
4. [セルの書式設定]ダイアログボックスの[保護]タブをクリックします。
5. [ロック]チェックボックスをオフにし、[OK]をクリックします。

> **セルのロック**
> 初期設定では、すべてのセルのロックがオンになっています。シートを保護すると、ロックがオンのセルはデータの変更ができなくなります。そのため、データの入力・編集を許可するセルだけ、ロックをオフにします。

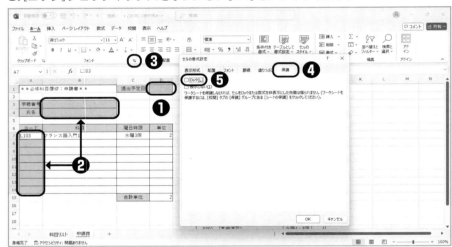

●シートの保護の設定

シートの保護を設定すると、セルのロックを解除したセルを除き、セルへの入力・編集が禁止されます。ここでは、シート「申請書」を保護してみましょう。

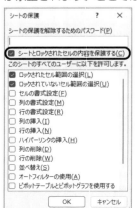

1. [校閲]タブの [シートの保護]ボタンをクリックします。[シートの保護]ダイアログボックスが表示されます。
2. [シートとロックされたセルの内容を保護する]チェックボックスがオンになっていることを確認します。
3. [OK]をクリックします。

シートの保護の解除

シートの保護を解除するには、[シート保護の解除]ボタンをクリックします。

4. 保護されたセル（たとえばセルB8など）のデータを変更しようとすると、次のようなメッセージが表示され、変更することができません。

> **活用**
>
> [シートの保護]ダイアログボックスで[シートの保護を解除するためのパスワード]ボックスにパスワードを入力すると、パスワード付きでシートを保護することができます。設定したパスワードは、シートの保護を解除するときに必要です。パスワードを忘れると、シートの保護を解除することができなくなるので、パスワードの管理には注意してください。

シートの構成を保護する

必要に応じて「シートの表示・非表示」を切り替えることができます。直接操作しないけれど保管しておきたいデータや、人に見られたくない重要なデータを入力しているシートは非表示にしておくとよいでしょう。
併せて、「ブックの保護」を設定すると、シートの追加や削除、表示/再表示の切り替えなど、シート構成が変更されるのを防ぐことができます。

●シートの表示/非表示の切り替え

ここでは、シート「科目リスト」を非表示にしましょう。

シートの再表示

シートを再表示するには、シート見出しを右クリックし、ショートカットメニューの[再表示]を選択します。[再表示]ダイアログボックスが表示されたら、再表示するシートを選択して[OK]をクリックします。
複数のシートを同時に表示するには**Shift**キーまたは**Ctrl**キーを押しながらシートを選択します。

1. シート「科目リスト」のシート見出しを右クリックし、ショートカットメニューの[非表示]をクリックします。

●ブックの保護の設定

ブックの保護を設定して、シート構成を変更できないようにしましょう。最後にブックを上書き保存します。

ブックの保護の解除

ブックの保護を解除するには、[ブックの保護]ボタンを再度クリックします。

1. [校閲]タブの[ブックの保護]ボタンをクリックします。[シート構成とウィンドウの保護]ダイアログボックスが表示されます。
2. [シート構成]チェックボックスがオンになっていることを確認します。
3. [OK]をクリックします。

4. [上書き保存]ボタンをクリックして、ブックを上書き保存します。

活用

繰り返し使う定型文書は、オリジナルのブックを保護するため、ブック自体に「読み取り専用」属性を設定しておくと便利です。読み取り専用にしたブックは上書き保存ができないため、入力欄にデータを入力したまま保存してしまった、というミスを防げます。

ブックに「読み取り属性」を設定するには、[ファイルを開く]ダイアログボックスで目的のブックを右クリックし、ショートカットメニューの[プロパティ]をクリックします。ファイルの[プロパティ]ダイアログボックスが表示されたら、[読み取り専用]チェックボックスをオンにして、[OK]をクリックします。

エクスプローラーでブックを右クリックし、ショートカットメニューの[プロパティ]をクリックしても同じダイアログボックスを表示できます。

活用

特定の人しかブックを開いて確認できないようにするには、次の手順でブックに読み取りパスワードを設定して保存しましょう。

1. [ファイル]タブをクリックし、[名前を付けて保存]をクリックします。
2. 保存するフォルダーを指定します。
3. [名前を付けて保存]ダイアログボックスが表示されたら、ファイルの保存先とファイル名を指定します。
4. ダイアログボックスの下部にある[ツール]をクリックし、一覧から[全般オプション]をクリックします。
5. [全般オプション]ダイアログボックスで、[読み取りパスワード]ボックスにパスワードを入力して[OK]をクリックします。

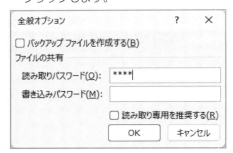

6. [パスワードの確認]ダイアログボックスが表示されるので、再度、読み取りのパスワードを入力して[OK]をクリックします。
7. [名前を付けて保存]ダイアログボックスの[保存]をクリックします。

読み取りパスワードが設定されたブックを開こうとすると、[パスワード]ダイアログボックスが表示されます。読み取りパスワードを入力しない限り、ブックを開くことができなくなるので、パスワードの管理には注意してください。

読み取りパスワードを解除するには、[全般オプション]ダイアログボックスで[読み取りパスワード]ボックスの「*」を削除して[OK]をクリックします。

練習問題

1 入力内容を参考に、シート「Sheet1」に「＊＊大学公認グッズ：注文票＊＊」と「＊価格表＊」を作成しましょう。
・B列の列幅を「22.00」、H列の列幅は自動調整する
・表に格子状の罫線を設定する
・項目のセルは背景色に「テーマの色」の「水色、アクセント4、白＋基本色80％」を設定し、項目名をセルの中央に配置する
・「商品番号」のセルは、文字を中央揃えで配置する
・「税込価格」のセルは「3桁区切り」を設定する

入力内容

	A	B	C	D	E	F	G	H	I	J
1	＊＊大学公認グッズ：注文票＊＊									
2								＊価格表＊		
3	注文者						商品番号	品名	税込価格	
4	TEL						101	Tシャツ	1,600	
5							102	スポーツタオル	1,000	
6	商品番号	品名	価格	数量	金額		103	マグカップ	600	
7							104	皮製ペンケース	1,200	
8							105	カレッジリング	3,980	
9							106	ストラップ	700	
10							107	レポート用紙	200	
11							108	ノート	200	
12							109	クリアフォルダ	200	
13							110	履歴書	250	
14							111			
15				合計金額			112			
16							113			
17							114			
18							115			

2 シート「Sheet1」を「注文票」という名前に変更しましょう。
3 「注文票」の「商品番号」に入力できる値を101以上115以下の整数に制限しましょう。
4 「注文票」の「数量」に入力できる値を1以上の整数に制限しましょう。
5 VLOOKUP関数を使って「＊価格表＊」の表を検索して、「注文票」で「商品番号」（101～115）を入力すると自動的に「品名」や「価格」が表示されるようにしましょう。IF関数にネストして、「商品番号」が未入力のときでもエラーが表示されないようにします。
6 「価格＊数量」の数式を入力して「金額」を求めましょう。IF関数を使って、「商品番号」が未入力のときでもエラーが表示されないようにします。
7 SUM関数を使って、「合計金額」に金額の合計を求めましょう。
8 「価格」、「金額」、「合計金額」のセルに「3桁区切り」を設定しましょう。
9 次のセルのロックを解除したあと、シートの保護を設定しましょう。
　　セルB3～B4、セルA7～A14、セルD7～D14、セルH14～I18
10 「E-L05-01」という名前で、[保存用]フォルダーに保存しましょう。

1 ブック「納品書.xlsx」を開きましょう。

2 シート「Sheet1」を「納品書」、シート「Sheet2」を「商品リスト」という名前に変更しましょう。

3 シート「Sheet3」を削除しましょう。

※ **4**～**12**は、シート「納品書」を編集します。

4 「商品番号」に入力できる文字を5文字に制限しましょう。

5 「数量」に入力できる値を1以上の整数に制限しましょう。

6 セルF11に入力規則のリストを設定して、ドロップダウンリストから「担当：芝浦」、「担当：山田」、「担当：野村」という項目を選択できるようにしましょう。

7 XLOOKUP関数を使ってシート「商品リスト」の表を検索して、「商品番号」を入力すると自動的に「商品名」や「単価」が表示されるようにしましょう。その際、コピーしても数式がエラーにならないように引数を指定します。さらにIF関数にネストして、「商品番号」が未入力のときでもエラーが表示されないようにします。

8 「単価＊数量」の数式を入力して「金額」を求めましょう。IF関数を使って、「商品番号」が未入力のときでもエラーが表示されないようにします。

9 SUM関数を使って、「合計」に「金額」の合計を求めましょう。

10 セルB13に、セルE34の値を参照する数式を入力し、太字とフォントサイズ「14」を設定しましょう。

11 「単価」、「金額」、「合計」の数値データには「3桁区切り」、「合計金額」には「￥付きの3桁区切り」を設定しましょう。

12 次のセルのロックを解除したあと、シートの保護を設定しましょう。
　　　セルF4、セルA6、セルF11、セルA19～A33、セルD19～D33、
　　　セルF19～F33

13 シート「商品リスト」を非表示にしたあと、ブックの保護を設定してシート構成を保護しましょう。

14 「E-L05-02」という名前で[保存用]フォルダーに保存したあと、読み取り専用の属性を設定しましょう。

Lesson 6 グラフの基本

Excelでは、セルに入力したデータを基に、いろいろな種類のグラフを簡単に作成できます。数値をグラフにして視覚化することで、データの推移や比較が把握しやすくなります。タイトルや軸の表示単位を追加したり、グラフのスタイルやレイアウトを変更したりなど、グラフの体裁を整える機能も豊富です。ここでは、グラフの作成方法と、見栄えのよいグラフに仕上げる方法を学習します。

キーワード
- □□グラフの作成
- □□グラフ要素
- □□グラフエリア
- □□グラフの移動
- □□グラフのサイズ変更
- □□グラフシート
- □□グラフタイトル
- □□軸ラベル
- □□目盛の設定
- □□グラフ要素の書式

このレッスンのポイント

▶ グラフを作成する
▶ グラフの位置やサイズを変更する
▶ グラフのタイトルを入力する
▶ グラフに軸ラベルを追加する
▶ 目盛の設定を変更する
▶ グラフ要素の書式を変更する

完成例（ファイル名：スポーツ大会参加人数.xlsx）

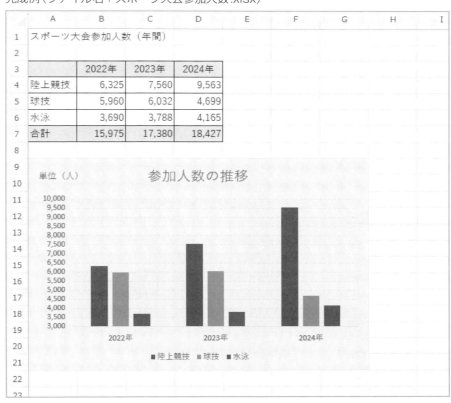

グラフを作成する

グラフを利用すると、データの大小や推移など、データの特徴を視覚的に表すことができます。売上高や販売個数など、関連するデータを分析するときは、数値をグラフ化して、データを直感的に捉えることができるようにしましょう。

●データの入力

ここではグラフの基になるデータを入力し、ブックを保存しましょう。

1. 次の画面を参考に、表を作成します。
- セルB3 〜 D3は、文字をセルの中央に配置する
- 数値に「3桁区切り」を設定する
- 表の1行目と5行目のセルは、背景色に「テーマの色」の「白、背景1、黒＋基本色15%」を設定する
- 画面を参考に、セル範囲に格子状の罫線を設定する

	A	B	C	D	E
1	スポーツ大会参加人数（年間）				
2					
3		2022年	2023年	2024年	
4	陸上競技	6,325	7,560	9,563	
5	球技	5,960	6,032	4,699	
6	水泳	3,690	3,788	4,165	
7	合計				

2. 合計はSUM関数を使って求め、「3桁区切り」を設定します。

3. 作成したブックを「スポーツ大会参加人数」という名前で、[保存用]フォルダーに保存します。

●グラフの作成

「グラフの作成」には、[挿入]タブの[グラフ]の各ボタンを使います。グラフの基にするデータが入力されているセルを範囲選択してから、グラフの種類の各ボタンをクリックすると、指定したグラフが作成されます。表のデータと作成したグラフの間にはリンクが設定され、表のデータを変更するとグラフも連動して変わります。

ここでは、年別に各競技の参加人数を比較する縦棒グラフ（集合縦棒）を作成しましょう。

1. セルA3 〜 D6を範囲選択します。

2. [挿入]タブの [縦棒／横棒グラフの挿入]ボタンをクリックし、一覧から[2-D縦棒]の[集合縦棒]をクリックします。

グラフの種類

作成するグラフの種類は、数値をどのように比較、検討したいかによって決定しましょう。

グラフの基にするデータ

グラフの基にするデータを選択するときは、必要なセルだけを含めます。この例では、「合計」の値はグラフに表示しないので選択していません。また、基にするデータが離れた位置にある場合、2番目以降のデータは**Ctrl**キーを押しながら選択します。

縦棒グラフの種類
作成できる縦棒グラフは、形態によって2-D縦棒や3-D縦棒などに分類されています。

グラフ作成時に表示されるタブ
グラフを作成すると、自動的に[グラフのデザイン]タブと[書式]タブが表示されます。これらのタブはグラフを選択しているときにだけ表示されます。

凡例と項目の入れ替え
作成した縦棒グラフで凡例と項目を入れ替えるには、[グラフのデザイン]タブの[行/列の切り替え]ボタンをクリックします。

3. グラフが作成されます。

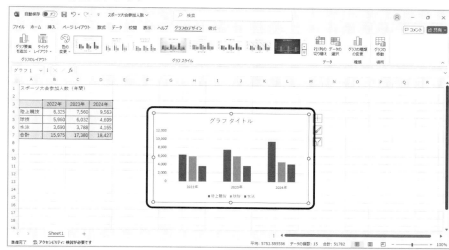

活用

グラフの基になるデータを範囲選択し、[挿入]タブの[おすすめグラフ]ボタンをクリックすると、選択したデータに適したグラフの一覧が[グラフの挿入]ダイアログボックスに表示され、候補の中から選択するだけで簡単にグラフを作成できます。

- データに適したグラフの一覧が表示される
- クリックすると、右側にグラフが表示される

また、[おすすめグラフ]はグラフのデータ範囲を選択して表示される[クイック分析]ボタンをクリックし、[グラフ]をクリックして表示される一覧からも選択することができます。

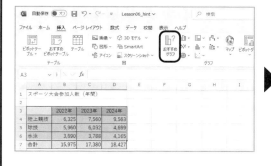

- [クイック分析]ボタン
- グラフの種類をポイントすると、グラフのプレビューが表示される

77

グラフの種類とグラフ要素

グラフの種類によって、グラフを構成するグラフ要素は異なります。たとえば、円グラフには、縦軸や横軸、軸ラベルはありません。

グラフエリア

「グラフエリア」は、グラフ全体を示すグラフ要素です。グラフの移動や削除など、グラフ全体を操作するときは、グラフエリアを選択してから、操作を行うようにしましょう。

グラフ要素の選択

複数のグラフ要素が隣接している位置では、クリックしても目的のグラフ要素が選択されないことがあります。このようなときは、[グラフ要素]ボックスから目的のグラフ要素を選択します。

[グラフ要素]ボックス

[グラフ要素]ボックスには、現在選択しているグラフ要素名が表示されます。

グラフ右側のボタン

グラフを作成すると、右側に[グラフ要素]、[グラフスタイル]、[グラフフィルター]の3つのボタンが表示されます。ここからグラフ要素の追加や書式を変更することもできます。

●グラフを構成する要素

タイトルや凡例など、グラフを構成する要素を「グラフ要素」といいます。縦棒グラフの場合、次のようなグラフ要素から構成されています。

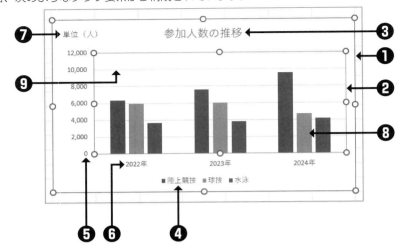

- ❶グラフエリア
- ❷プロットエリア
- ❸グラフタイトル
- ❹凡例
- ❺縦(値)軸
- ❻横(項目)軸
- ❼軸ラベル(縦軸)
- ❽データ系列
- ❾縦(値)軸目盛線

●グラフの編集

グラフを編集するには、まず目的のグラフ要素を選択します。グラフ要素を選択するには、次の2通りの方法があります。

・目的のグラフ要素の上をポイントし、グラフ要素名が表示されたらクリックする

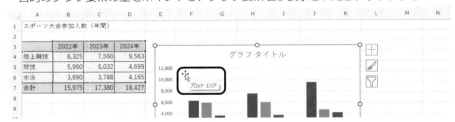

・[書式]タブの[グラフ要素]ボックスの▼をクリックし、一覧から目的のグラフ要素を選択する

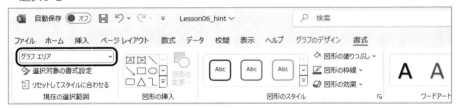

> **活用**
>
> 作成したグラフにデータを追加するには、まず追加したいセルを範囲選択し、[ホーム]タブの[コピー]ボタンをクリックします。次にグラフエリアをクリックし、[ホーム]タブの[貼り付け]ボタンをクリックします。また、グラフからデータを削除するには、目的のデータ系列(棒)をクリックし、**Delete**キーを押します。

グラフの位置やサイズを変更する

シート上に作成したグラフは、作成直後はシートの中央に表示されますが、後から自由な位置に移動できます。シート内で「グラフを移動」したり、「グラフのサイズを変更」したりする方法を知っておきましょう。

セルに合わせて配置する
グラフを移動するとき、**Alt**キーを押しながらドラッグすると、セルの隅に合わせて配置できます。

グラフの削除
グラフを削除するには、グラフエリアを選択し、**Delete**キーを押します。

●グラフの移動
グラフはドラッグして移動できます。ここでは、表の下にグラフを移動してみましょう。

1. [グラフエリア]と表示される位置をポイントします。
2. マウスポインターの形が に変わったら、グラフの左上隅がセルA9に合うようにドラッグします。グラフが移動します。

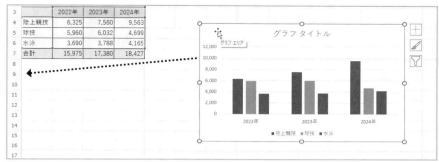

活用

作成したグラフは、別のシートや「グラフシート」に移動できます。グラフシートはグラフだけを配置するグラフ専用のシートで、シートのように文字や数値を入力することができません。
作成したグラフをグラフシートに移動するには、移動したいグラフを選択し、[グラフのデザイン]タブの [グラフの移動]ボタンをクリックします。[グラフの移動]ダイアログボックスで[新しいシート]を選択して[OK]をクリックすると、移動したグラフが表示されたグラフシートが挿入されます。

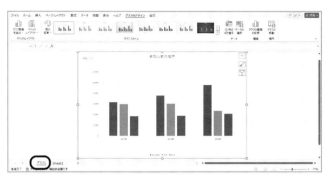

79

サイズ変更ハンドル

サイズ変更ハンドルとは、グラフ全体やグラフ要素を選択したとき、その四隅や各辺の中央に表示されるマークのことです。操作するサイズ変更ハンドルによって、表示されるマウスポインターの形やドラッグできる方向が異なります。

縦横比を変えずにサイズを変更する

Shiftキーを押しながらサイズ変更ハンドルをドラッグすると、同じ縦横比のまま、サイズを変更できます。また、**Alt**キーを押しながらドラッグすると、セルの隅に合わせてサイズを変更できます。

●グラフのサイズ変更

グラフ全体のサイズを変更するには、サイズ変更ハンドルをドラッグします。
ここでは、セルA9～G21に収まるようにグラフのサイズを変更してみましょう。

1. グラフエリアを選択していることを確認します。
2. 右下隅のサイズ変更ハンドルをポイントします。
3. マウスポインターの形が に変わったら、セルG21の右下隅までドラッグします。

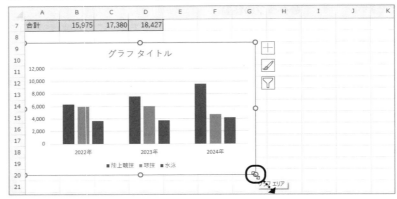

4. グラフのサイズが変更されます。

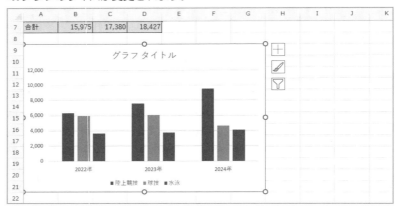

活用

正確な数値を指定して、グラフのサイズを変更することもできます。[書式]タブの[図形の高さ]ボックスや[図形の幅]ボックスに、グラフの高さや幅の値をそれぞれ入力すると、サイズが変更されます。

グラフのタイトルを入力する

作成したグラフには、グラフの内容を示したわかりやすい「グラフタイトル」を付けましょう。グラフタイトルの文字にも、フォントやフォントサイズなどの文字の書式を設定できます。

●グラフタイトルの変更
ここでは、グラフ上部のグラフタイトルを「参加人数の推移」に変更しましょう。

1. グラフ上部の「グラフタイトル」と表示されている部分をクリックし、「参加人数の推移」と入力して書き換えます。

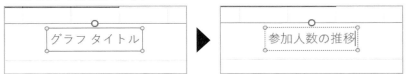

2. 書き換え後、グラフ内の任意の場所をクリックすると、グラフタイトルが確定されます。グラフの編集を終了する場合は、シート内の任意のセルをクリックしてもかまいません。

●文字の書式設定
グラフ内の文字にも、セル内に入力したデータと同様、文字の書式を設定できます。
ここでは、グラフタイトルの文字を16ポイントにしてみましょう。

1. グラフタイトルをクリックします。グラフタイトルが実線の枠線で囲まれて選択されます。

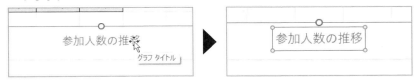

2. [ホーム]タブの[11▼][フォントサイズ]ボックスの▼をクリックし、一覧から[16]をクリックします。グラフタイトルのフォントサイズが変更されます。

レイアウトの自動調整
グラフタイトルや軸ラベル、凡例などのグラフ要素を追加、削除すると、自動的にグラフ内のレイアウトが調整されます。

グラフタイトル
グラフタイトル全体を操作するときは、実線の枠線で囲まれているかどうかを確認しましょう。枠線が点線の場合は文字の編集ができます。さらに枠線上をクリックすると実線に切り替わり、この状態では、サイズ変更や移動もできます。

グラフ要素の書式設定
項目名や数値、凡例などの要素にも、文字の書式を設定できます。グラフ内の文字に書式を設定するには、目的のグラフ要素を選択し、[ホーム]タブの[フォント]グループの各ボタンを使用します。

活用

手順通りの操作を行った場合、あらかじめグラフタイトルが追加されています。後からグラフタイトルを追加する必要がある場合は、グラフの右横にある[+][グラフ要素]ボタンをクリックし、グラフタイトルの[>]をクリックします。一覧から挿入したいグラフの位置をクリックすると、グラフタイトルが追加できます。また、[グラフのデザイン]タブの[グラフ要素を追加]ボタンからも追加できます。

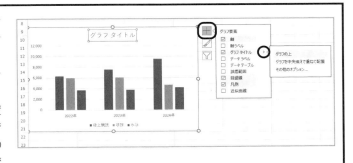

グラフに軸ラベルを追加する

グラフの縦軸と横軸にも、それぞれ軸のタイトル（「軸ラベル」）を表示できます。数値の単位や項目の区分など、必要に応じて軸ラベルを追加しましょう。

●**軸ラベルの追加**
ここでは、縦軸に「単位（人）」という軸ラベルを付けましょう。

1. グラフ内をクリックします。
2. グラフの右横にある[グラフ要素]ボタンをクリックし、[軸ラベル]の>をクリックし、[第1縦軸]のチェックボックスをオンにします。
3. 続けて[その他のオプション]をクリックします。

軸ラベル
軸ラベルは、グラフの内容に合わせたものを追加しましょう。売上グラフの場合は、入力された数値の桁数に合わせて、「単位（千）」または「単位（千円）」などと追加します。

軸ラベルの削除
軸ラベルを削除するには、軸ラベルを選択して**Delete**キーを押します。

軸ラベルの確定
グラフの編集を終了する場合は、シート内の任意のセルをクリックしてもかまいません。

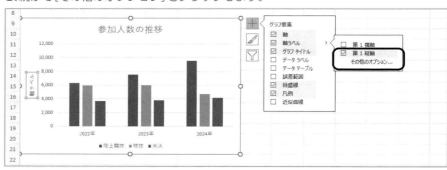

4. [軸ラベルの書式設定]作業ウィンドウが表示されます。[文字のオプション]をクリックし、[テキストボックス]をクリックします。
5. [文字列の方向]ボックスで[横書き]を選択します。[閉じる]ボタンをクリックして、作業ウィンドウを閉じます。

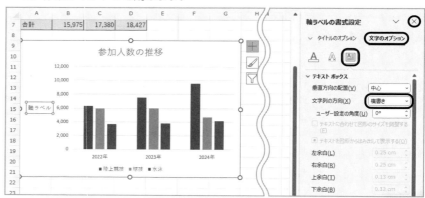

6. 縦軸の左側に「軸ラベル」と表示されたら、「単位（人）」と入力して書き換えます。

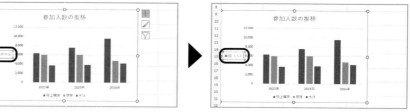

7. 書き換え後、グラフ内の任意の場所をクリックすると、軸ラベルが確定されます。

活用

グラフ要素の書式や詳細な設定は、作業ウィンドウを使って操作できます。各項目をクリックして表示を切り替えて、操作を行いましょう。操作が終了したら、⊠[閉じる]ボタンをクリックして、作業ウィンドウを閉じます。

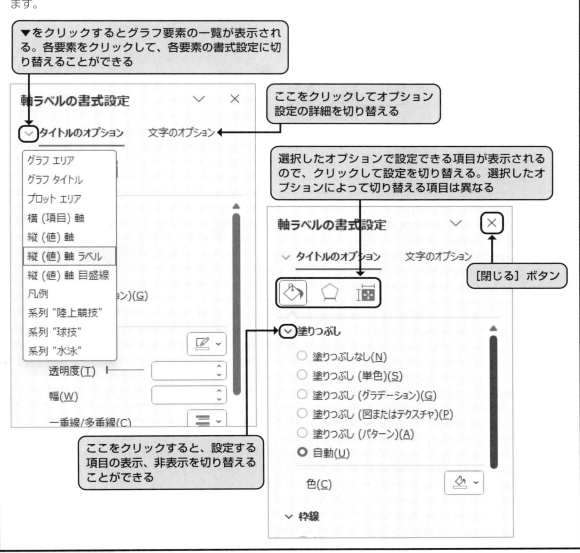

活用

[グラフのデザイン]タブの[クイックレイアウト]ボタンを使用すると、グラフタイトルや軸ラベル、グラフの表示方法など、あらかじめ定義されたレイアウトにまとめて変更できます。[クイックレイアウト]ボタンをクリックし、一覧からレイアウトを選択すると、グラフに適用後のイメージが表示され、ポップヒントに適用内容が表示されます。レイアウトの適用後、個別にグラフ要素を編集することもできます。すばやく操作したい場合は、完成イメージに近いレイアウトを選択後、個別に編集すると効率的です。

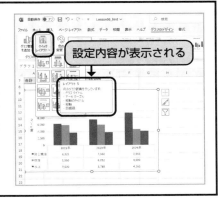

●軸ラベルの移動

軸ラベルはドラッグして、グラフエリア内の範囲で表示位置を自由に変更できます。ここでは、縦軸ラベルを左上隅に配置してみましょう。

1. 縦（値）軸ラベルをクリックします。実線の枠線で囲まれて、軸ラベルが選択されます。

> **グラフタイトルの移動**
> 軸ラベルと同様、グラフタイトルもグラフエリア内でドラッグして移動できます。

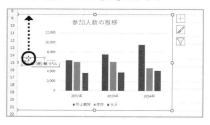

2. 枠線上をポイントし、マウスポインターの形が✥に変わったら上方向にドラッグします。軸ラベルが移動します。

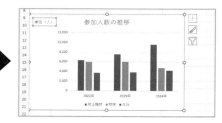

活用

凡例の表示位置を変更するには、[グラフのデザイン]タブの [グラフ要素を追加]ボタンをクリックし、[凡例]をポイントして一覧から目的の表示位置を選択します。軸ラベルと同様、ドラッグして移動することもできますが、グラフ内のレイアウトが自動調整されないので注意しましょう。グラフの右横にある [グラフ要素]ボタンからも凡例の表示位置を変更できます。

●プロットエリアのサイズ変更

プロットエリアを操作すると、グラフの表示部分を拡大・縮小することができます。ここでは、プロットエリアを左に広げて、グラフ全体のレイアウトを整えましょう。

1. プロットエリアをクリックします。プロットエリアが選択されます。

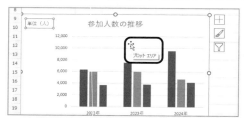

2. 左側の中央のサイズ変更ハンドルをポイントします。

3. マウスポインターの形が⇔に変わったら左方向にドラッグします。表示される線を目安にサイズを変更します。サイズが変更されます。

> **グラフ要素のサイズ変更**
> グラフ要素のサイズ変更ハンドルは、○の形で表示されます。位置やサイズを手動で変更したグラフ要素は、レイアウトが自動調整されなくなるので注意しましょう。

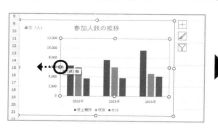
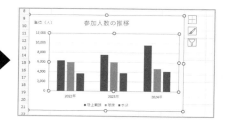

目盛の設定を変更する

「目盛の設定」を変更すると、データ系列の変化を強調できます。数値の差がわかりにくいときは、数値の範囲に合わせて、最大値や最小値、目盛の間隔を変更しましょう。
ここでは、最小値を「3000」、最大値を「10000」、目盛間隔を「500」に設定してみましょう。

1. グラフ内をクリックします。
2. 縦(値)軸を右クリックし、ショートカットメニューの[軸の書式設定]をクリックします。

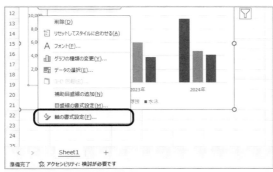

3. [軸の書式設定]作業ウィンドウが表示されます。[軸のオプション]をクリックします。
4. [最小値]の右側のボックスに「3000」と入力します。
5. [最大値]の右側のボックスに「10000」と表示されていることを確認します。
6. [単位]の[主]ボックスに「500」と入力します。×[閉じる]ボタンをクリックして、作業ウィンドウを閉じます。

数値の自動調整
設定した最小値などの数値を元の状態に戻すには、それぞれの右端にある[リセット]ボタンをクリックします。

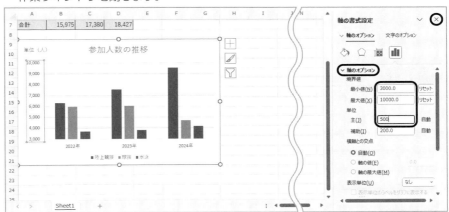

活用

軸に表示されている数値の桁数が多くてわかりにくい場合、軸の表示単位を設定すると、数値を千単位や万単位で表示できます。[軸の書式設定]作業ウィンドウの[軸のオプション]の[表示単位]の右側のボックスの▼をクリックして、一覧から目的の表示単位を選択します。軸の数値が指定した表示単位に変更されて、自動的に表示単位ラベルが表示されます。

グラフ要素の書式を変更する

見やすいグラフにするには、色や線種など、「グラフ要素の書式」の設定も大切です。これらの書式は、[書式]タブの[図形のスタイル]グループの各ボタンで変更します。❶を使うと、色、線などの書式があらかじめ定義されたスタイルを選択するだけで、まとめて設定できます。個別に書式を設定するときは、❷の各ボタンを使います。

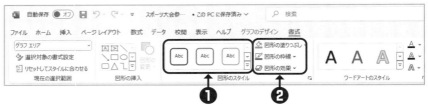

[図形のスタイル]の設定方法
❶のスタイルを設定するには、[クイックスタイル]ボタンをクリックし、一覧から目的のスタイルを選択します。

グラフ要素の書式の解除
グラフ要素の書式を最初の状態に戻すには、グラフ要素を選択し、[書式]タブの[リセットしてスタイルに合わせる]ボタンをクリックします。

塗りつぶしの色
グラフの背景色に濃い色を使うと、グラフ自体が見にくくなります。グラフ全体の調和に気を付けて、設定する色を選択しましょう。

3Dグラフの背景色
3Dグラフは、「壁面」というグラフ要素を塗りつぶして、背景色を設定することもできます。

●グラフの背景色の設定
グラフの背景に色を付けるには、グラフエリアやプロットエリアに塗りつぶしを設定します。ここでは、グラフエリアを「テーマの色」の「オレンジ、アクセント2、白＋基本色80％」で塗りつぶしてみましょう。

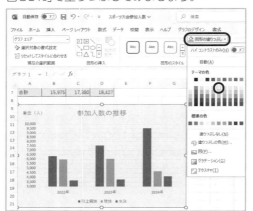

1. グラフ内をクリックします。
2. グラフエリアをクリックします。グラフエリアが選択されます。
3. [書式]タブの[図形の塗りつぶし]ボタンの▼をクリックし、一覧から「オレンジ、アクセント2、白＋基本色80％」（上から2番目、右から5番目）をクリックします。背景色が設定されます。

活用

データ系列の色も、グラフエリアやプロットエリアと同じ操作で変更できます。色を変えたいデータ系列を選択し、[書式]タブの[図形の塗りつぶし]ボタンで色を選択します。縦棒グラフの棒をクリックすると、同じデータ系列の棒がすべて選択されるので、まとめて同じ色に変更できます。
1つの棒の色を変えたいときは、その棒を含むデータ系列を選択し、再度、目的の棒をクリックして、1つの棒だけが選択されていることを確認してから色を変更します。

活用

[グラフスタイル]を使うと、グラフ全体の配色をまとめて変更できます。[グラフのデザイン]タブの[グラフスタイル]の[クイックスタイル]ボタンをクリックし、一覧から目的のスタイルを選択します。[グラフスタイル]を設定すると、個別に設定した書式は解除されます。

補助目盛線の追加

グラフの補助目盛線を追加するには、[縦(値)軸]を右クリックし、ショートカットメニューの[補助目盛線の追加]をクリックします。

●目盛線の線種の変更

ここでは、目盛線の線種を破線に変更してみましょう。最後にブックを上書き保存します。

1. 縦(値)軸目盛線をクリックします。目盛線が選択されます。
2. [書式]タブの[図形の枠線▼][図形の枠線]ボタンの▼をクリックします。
3. 一覧から[実線/点線]をポイントし、一覧から[破線](上から4番目)をクリックします。目盛線が変更されます。

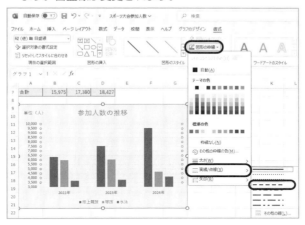

4. [上書き保存]ボタンをクリックして、ブックを上書き保存します。

活用

縦棒グラフの棒を太くしてデータを強調したいときは、データ系列(棒)を右クリックし、ショートカットメニューの[データ系列の書式設定]を選択します。[データ系列の書式設定]作業ウィンドウの[系列のオプション]で[要素の間隔]の数値(0～500%)を小さくすると、項目間が狭まり、棒の幅が広がります。

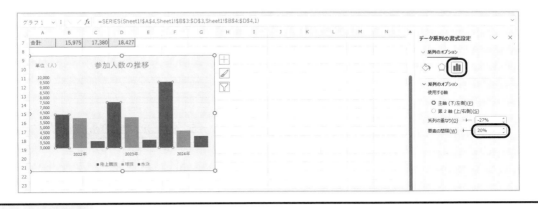

練習問題

1 入力内容を参考にデータを入力し、表を作成しましょう。
・A列の列幅を「10.00」に変更する
・表に格子状の罫線を設定する
・セルB3～F3は、文字をセルの中央に配置する
・表の1行目と5行目のセルは、背景色に「テーマの色」の「白、背景1、黒＋基本色15％」を設定する
・数値データに「3桁区切り」を設定する

入力内容

	A	B	C	D	E	F
1	古紙回収実績					
2						
3		4月	5月	6月	7月	合計
4	新聞	998	1,258	1,475	1,682	
5	雑誌	1,354	1,547	1,705	1,603	
6	ダンボール	1,145	1,204	1,359	1,417	
7	合計					
8						

2 SUM関数を使って、縦横の合計を一度に求めましょう。
3 月別に各古紙の回収実績を比べる3-D縦棒の3-D集合縦棒グラフを作成しましょう。
4 グラフの左上隅をセルA9に合わせて、グラフを表の下に配置しましょう。
5 [グラフタイトル]を「月別古紙回収実績」に変更し、フォントサイズを「12」に設定しましょう。
6 縦軸に水平方向で「単位(kg)」という軸ラベルを付け、配置内容を参考にグラフのレイアウトを整えましょう。

配置内容

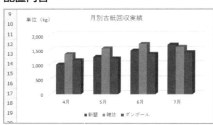

7 縦軸目盛の最小値を「600」に変更しましょう。
8 壁面を「テーマの色」の「緑、アクセント6、白＋基本色80％」で塗りつぶしましょう。
9 縦(値)軸目盛線の色を「標準の色」の「濃い青」に変更しましょう。
10 「E-L06-01」という名前で、[保存用]フォルダーに保存しましょう。

1 入力内容を参考にデータを入力しましょう。
・セルA3～D3の背景色に「標準の色」の「薄い青」を設定し、表の1行目と各月の見出しをセルの中央に配置する

入力内容

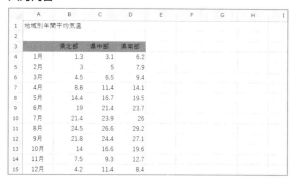

2 数値データに「0. 0」の表示形式を設定しましょう。
3 月別に気温の変化を表した2-D折れ線グラフ（マーカー付き折れ線）を作成しましょう。
4 セルF3～O16にグラフを配置しましょう。
5 [クイックレイアウト]の[レイアウト6]を設定して、グラフのレイアウトを変更しましょう。
6 [グラフタイトル]を「地域別の年間平均気温」に変更し、フォントサイズを「16」に設定しましょう。
7 縦軸のラベルを「気温」に変更し、縦書きに表示されるように設定しましょう。
8 横軸の目盛線に「補助目盛線」が表示されるように変更しましょう。
9 グラフエリアを「テーマの色」の「濃い青、テキスト2、白＋基本色90％」で塗りつぶしましょう。
10 「E-L06-02」という名前で、[保存用]フォルダーに保存しましょう。

1 入力内容を参考にデータを入力し、表を作成しましょう。
・A列の列幅を「13.00」に変更する
・セルB3～F3と「合計」のセルは、文字をセルの中央に配置する
・表の1行目と5行目のセルは、背景色に「標準の色」の「薄い緑」を設定する

入力内容

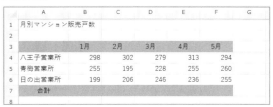

2 SUM関数を使って、「合計」を求めましょう。
3 月別に合計を比較する2-D縦棒グラフ（集合縦棒）を作成しましょう。
4 セルA9～G22にグラフを配置しましょう。
5 [グラフタイトル]を「月別販売戸数」に変更し、フォントサイズを「12」に設定しましょう。
6 要素の間隔を「70％」に変更して、棒を太くしましょう。
7 縦軸の最小値を「50」に変更しましょう。
8 プロットエリアを「テーマの色」の「緑、アクセント6、白＋基本色80％」で塗りつぶしましょう。
9 「E-L06-03」という名前で、[保存用]フォルダーに保存しましょう。

Lesson 7 目的に応じたグラフの作成と編集

グラフにはいろいろな種類があり、表現したい内容によって使い分けることができます。また、図形を利用すると、特定のグラフの値を目立たせたり、データの関連性を視覚的に伝えたりすることもできます。ここでは、いろいろなグラフの作成、編集方法や、グラフと図形を使った効果的な方法を学習します。

キーワード
- □□ グラフの種類
- □□ 円グラフ
- □□ 複合グラフ
- □□ 第2軸の表示
- □□ 積み上げ棒グラフ
- □□ 散布図
- □□ レーダーチャート
- □□ 吹き出し
- □□ SmartArt グラフィック

このレッスンのポイント

▶ 目的に合ったグラフを作成する
▶ 円グラフを作成する
▶ 複合グラフを作成する
▶ いろいろなグラフを作成する
▶ 図形でわかりやすさをアップさせる

完成例（ファイル名：年別入館者数.xlsx ／グラフ練習変更.xlsx）

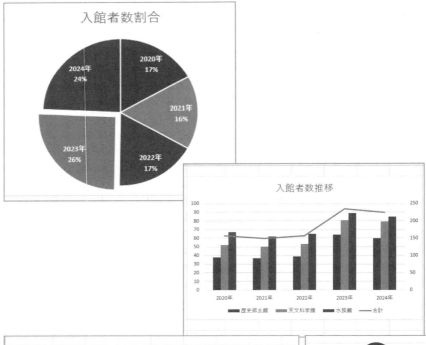

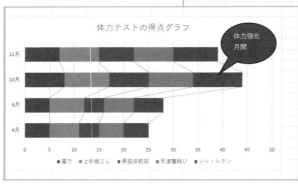

目的に合ったグラフを作成する

折れ線グラフや円グラフなど、グラフにはいろいろな種類があります。「グラフの種類」や特性を理解して、目的に合ったグラフを利用しましょう。
Excelのグラフ機能は、次のように分類されています。

用意されているグラフの種類
右の表の分類の中に、さらに複数の種類のグラフが用意されています。

3-Dグラフ
棒グラフや折れ線グラフ、円グラフ、面グラフは、立体的に表現する3-Dグラフも用意されています。

グラフの種類	用途
縦棒・横棒グラフ	縦棒グラフは棒を縦に、横棒グラフは棒を横に並べて、棒の長さで値の大きさを表します。どちらも項目の値を比較するのに適しています。
折れ線・面グラフ	折れ線グラフは時間の経過に合わせて、値の推移を折れ曲がった線で表します。面グラフも時間の経過に合わせて、値の推移を折れ曲がった線と塗りつぶした面で表します。変化の大きさを強調するのに適しています。代表的な面グラフに、データの推移と構成比率を合わせて示す「積み上げ面グラフ」があります。折れ線グラフも面グラフも、データの変化を表すのに適しています。
円・ドーナツグラフ	円全体を100%として、全体に対する項目の割合を表します。円グラフで表現できるのは、1つの項目（データ系列）についてだけですが、ドーナツグラフは、複数の項目を表示できます。
階層構造グラフ	データの階層を表したり、階層間の数値を比較するのに適しています。ツリーマップは、階層構造の数値の比率を四角形のサイズで表します。サンバーストは数値の比率を円状で表します。項目の多い場合は、サンバーストを利用します。
統計グラフ	データの統計分析に適したグラフです。ヒストグラムは、データの度数分布をグラフ化したもので、データがどのように分布しているかを把握するのに適しています。パレート図は、棒グラフとその累積構成比を表す折れ線グラフを組み合わせた複合グラフです。箱ひげ図は、複数のばらつきを持ったデータの分布を表すのに適したグラフです。
散布図・バブルチャート	散布図は、「身長と体重」のような2つの項目を縦軸と横軸にとり、関連性を点の分布で表します。バブルチャートは、縦軸、横軸の項目と値の関連性を円の大きさや配置場所で表します。
ウォーターフォール	ウォーターフォールは、連続した正数と負数の累積影響を分析します。たとえば、損益計算書やキャッシュフロー計算書などの財務データの収支の変化を分析するのに適しています。
じょうご	段階ごとの販売数などの経過を表すのに適しています。通常、段階ごとに数が減少していきます。
株価チャート	株価チャートは株価の変動を表すのに適しています。
等高線グラフ	2組のデータ間の最適な組み合わせを見つけて表すのに適しています。たとえば地形図のように、同じ値の範囲を色やパターンで示します。
レーダーチャート	項目間のバランスや全体量の違いを表します。
複合グラフ（組み合わせ）	数値の差があるデータや数値の表す単位や種類が異なるデータを、2種類のグラフで表します。
マップ	日本地図や世界地図上で、数値を色で塗り分けできます。

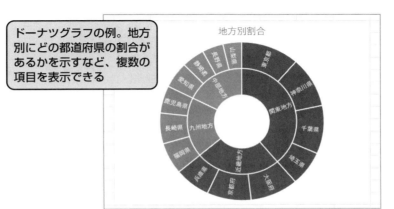

ドーナツグラフの例。地方別にどの都道府県の割合があるかを示すなど、複数の項目を表示できる

91

円グラフを作成する

ここでは、基本的な「円グラフ」の作成、編集方法を学習します。併せて、データの値(データラベル)の表示方法も確認しましょう。

●データの入力

ここではグラフの基になるデータを入力し、ブックを保存しましょう。

1. 次の画面を参考に、表を作成します。
- A列の列幅を「10.50」、G列の列幅を「10.00」に変更する
- セルB3～G3は、文字をセルの中央に配置する
- 表の1行目と5行目のセルは、背景色に「テーマの色」の「緑、アクセント6、白＋基本色60％」を設定する
- 縦横の「合計」はSUM関数を使って求める
- 画面を参考に、セル範囲に格子状の罫線を設定する

	A	B	C	D	E	F	G	H	I
1	年別入館者数								
2							単位：千人		
3			2020年	2021年	2022年	2023年	2024年	合計	
4	歴史郷土館	38	37	39	64	60	238		
5	天文科学館	52	50	53	81	79	315		
6	水族館	67	62	65	89	85	368		
7	合計	157	149	157	234	224	921		

2. 作成したブックを「年別入館者数」という名前で、［保存用］フォルダーに保存します。

●円グラフの作成

ここでは、年別の入館者数の構成比を表した円グラフを作成しましょう。作成した円グラフは表の下に移動し、「入館者数割合」というタイトルを付けます。

1. セルB3～F3を範囲選択し、**Ctrl**キーを押しながらセルB7～F7を範囲選択します。

2. ［挿入］タブの [円またはドーナツグラフの挿入］ボタンをクリックし、一覧から［2-D円］の［円］をクリックします。円グラフが作成されます。

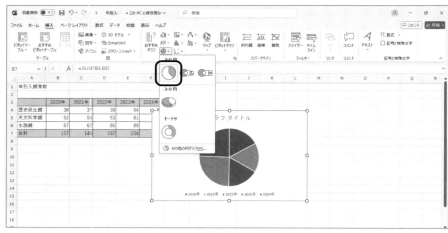

3. セルA10～E22にグラフを配置します。

作成できる円グラフ

円グラフを立体的に表示した3-D円グラフや、特定のデータだけを別に表示する補助円、補助縦棒付きの円グラフも作成できます。

グラフの基データ

グラフにする基データが離れた位置にある場合、2番目のデータは**Ctrl**キーを押しながら選択します。

4. [グラフタイトル]を「入館者数割合」に変更したうえで、フォントサイズを「16」に変更します。

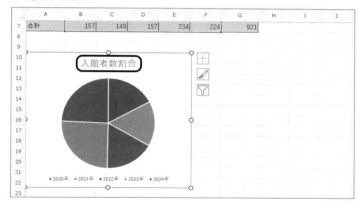

●データラベルの表示

データラベルには、グラフの基となった数値や項目名などを表示できます。また、通常のセルと同様、文字の書式を設定することもできます。

ここでは、年とパーセンテージを円グラフの内側に表示しましょう。続けて太字を設定し、文字の色を白に変更します。

1. 円グラフ内をクリックします。
2. [グラフのデザイン]タブの[グラフ要素を追加]ボタンの[データラベル]をポイントし、一覧から[その他のデータラベルオプション]をクリックします。
3. [データラベルの書式設定]作業ウィンドウの[ラベルオプション]で、[分類名]と[パーセンテージ]の各チェックボックスをオンにし、[値]チェックボックスをオフにします。
4. [ラベルの位置]で[内部外側]をクリックします。
5. ×[閉じる]ボタンをクリックします。

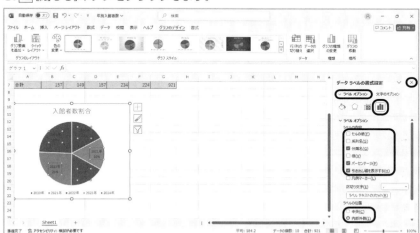

6. データラベルが選択されていることを確認し、[ホーム]タブの B [太字]ボタンをクリックします。
7. [ホーム]タブの A [フォントの色]ボタンの▼をクリックし、一覧から[テーマの色]の[白、背景1]（一番上、左端）をクリックします。

円グラフの割合
Excelで円グラフを作成すると、数値に応じた割合を自動的に示します。

データラベルの表示方法
データラベルの表示方法は他のグラフも同様です。ただし、グラフの種類によって、設定できる表示位置やラベルの内容が異なります。

作業ウィンドウ
グラフの右横にある[＋][グラフ要素]ボタンをクリックし、[データラベル]の[▶][その他のオプション]をクリックしても、[データラベルの書式設定]作業ウィンドウを表示できます。

円グラフのデータラベル
円グラフの場合、データラベルに割合を表示して、円内部の外側に配置するのが一般的です。また、背景の色が濃くて値が見づらいときは、文字色を明るい色に変更しましょう。

グラフの調整

凡例を削除すると、自動的に円グラフのレイアウトが調整されます。ただし、手動で移動した場合などは、調整されない場合があります。

8. データラベルで年を表示したので、凡例を削除します。凡例を選択し、**Delete**キーを押します。

●要素を切り離す

円グラフで目立たせたい項目がある場合は、その要素を切り離して表示するとよいでしょう。ここでは最も割合の大きい2023年の要素を切り離してみましょう。

1. 円グラフ内をクリックします。

2. 「2023年」の要素をクリックします。「2023年」の要素だけが選択されていることを確認します。

3. 「2023年」の要素上をポイントし、円の外側にドラッグします。2023年の要素だけが移動します。

データ系列の要素

円グラフで表現できるのは、1つのデータ系列だけです。右の年のような、データ系列を構成する項目は「要素」と呼びます。

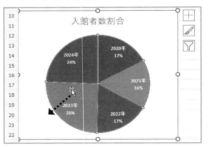 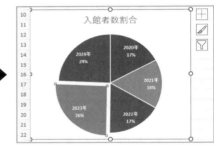

> **活用**
>
> 切り離しを解除するには、まず切り離した要素だけを選択します。その要素上で右クリックしてショートカットメニューの[データ要素の書式設定]を選択し、[データ要素の書式設定]作業ウィンドウの[系列のオプション]で[要素の切り出し]のボックスを「0%」にします。

> **活用**
>
> 円グラフの円は、回転させることができます。円上を右クリックしてショートカットメニューの[データ系列の書式設定]を選択します。[データ系列の書式設定]作業ウィンドウの[系列のオプション]で、[グラフの基線位置]に回転する角度を指定します。特に3-D円グラフは、目立たせたい要素を手前に表示すると効果的です。その後、円から要素を切り離せば、より強調できます。
>
>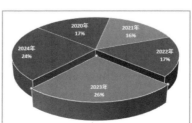

複合グラフを作成する

異なる種類のグラフを組み合わせて表したものを「複合グラフ」といいます。複合グラフは、数値の差が大きいデータ、単位や種類が異なるデータを、2つの種類のグラフを使って表します。

複合グラフの種類

3-Dグラフは複合グラフにすることができません。複合グラフを作成する場合は、2-Dグラフを選択します。

●複合グラフの作成

ここでは、年別に入館者数を表す2-D縦棒グラフと、その入館者数の合計を表す折れ線グラフとの複合グラフを作成してみましょう。折れ線グラフの縦軸を第2軸に設定します。さらに「入館者数推移」というタイトルを16ポイントで作成し、円グラフの横に配置します。

1. 円グラフと同じシートのセルA3～F7を範囲選択します。

2. [挿入]タブの [複合グラフの挿入]ボタンをクリックし、[組み合わせ]の[ユーザー設定の複合グラフを作成する]をクリックします。

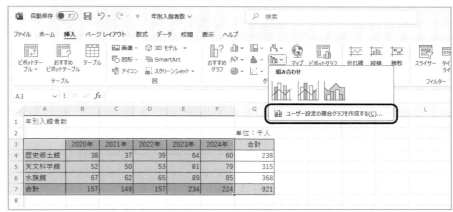

3. [グラフの挿入]ダイアログボックスの[データ系列に使用するグラフの種類と軸を選択してください]で、[水族館]の[グラフの種類]ボックスを[集合縦棒]に変更します。

4. [合計]の右端にある[第2軸]のチェックボックスをオンにします。

5. [OK]をクリックします。複合グラフが作成されます。

第2軸の表示

数値の差が大きいデータや単位が異なるデータを1つの縦軸で扱うには適していません。複合グラフを作成した場合は、違いがわかるようにグラフの右側の「第2軸の表示」を利用します。

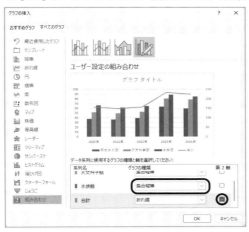

グラフの種類の変更

特定のデータ系列だけではなく、グラフ全体を別の種類のグラフに変更することもできます。グラフエリアを選択し、[グラフのデザイン]タブの[グラフの種類の変更]ボタンをクリックします。[グラフの種類の変更]ダイアログボックスで変更したいグラフを選択します。

要素の書式設定

目的の要素の[書式設定]作業ウィンドウを確実に表示したいときは、[書式]タブの[グラフ要素]ボックスでグラフ要素を選択したあと、[選択対象の書式設定]ボタンをクリックします。

6. グラフを移動し、セルG10～M22に配置します。

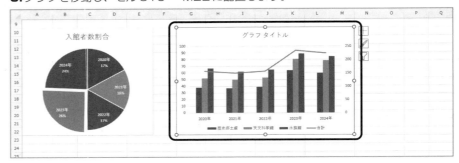

7. [グラフタイトル]を「入館者数推移」に変更して、16ポイントに変更します。

8. [上書き保存]ボタンをクリックして、ブックを上書き保存します。

活用

複合グラフは、[挿入]タブの[複合グラフの挿入]ボタンをクリックし、[組み合わせ]の一覧にある項目を選択するだけでも作成できます。ただし、データの項目数によって編集が必要になる場合があるので注意しましょう。

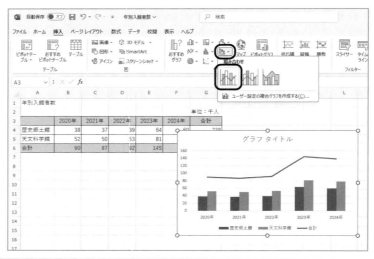

活用

グラフの値をよりわかりやすくするには、グラフにデータラベルを表示します。グラフをクリックして選択し、［グラフのデザイン］タブの ［グラフ要素を追加］ボタンの［データラベル］の一覧から目的の表示位置を選択します。グラフの横にある ［グラフ要素］ボタンからも、データラベルを表示できます。

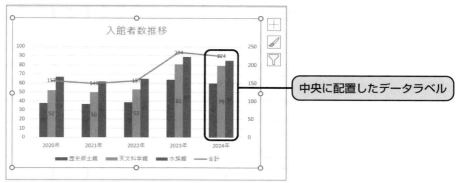

データラベルは、一部のデータ系列だけに表示することもできます。データラベルを表示したいデータ系列だけを選択し、データラベルを指定します。下図では、合計のデータ系列を選択した状態で、グラフの横にある ［グラフ要素］ボタンをクリックし、［データラベル］の一覧から目的のデータラベルの位置を指定しています。

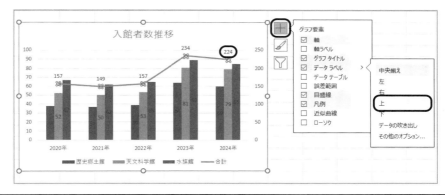

活用

棒グラフや折れ線グラフは、グラフの基にしたデータをグラフ自体の下に表示することができます。［グラフのデザイン］タブの ［グラフ要素を追加］ボタンの［データテーブル］をポイントし、データテーブルの表示方法を選択します。円グラフのように、データテーブルを表示できないグラフもあります。

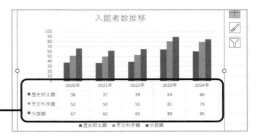

いろいろなグラフを作成する

これまで学習したグラフ以外にも、Excelではいろいろな種類のグラフを作成できます。基本的な操作方法は同じですが、グラフによって操作のポイントが異なります。グラフの特徴と併せて、各グラフの作成、編集方法を確認しましょう。

●積み上げ棒グラフの作成

「積み上げ棒グラフ」は、項目内の要素の数値を積み重ねたグラフで、全体量と合わせて、項目を構成する要素を比較できます。100％積み上げ棒グラフは、各項目の全体を100％として、項目を構成する要素の割合を表したグラフです。各項目の構成比を比べる場合に利用します。

積み上げ縦棒グラフ

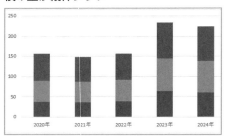

100％積み上げ縦棒グラフ

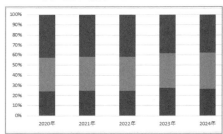

ここでは、表の下に積み上げ横棒グラフを作成してみましょう。[グラフのレイアウト]を使ってレイアウトを整え、区分線を表示します。

1. ブック「グラフ練習.xlsx」のシート「体力テスト」を表示します。
2. セルA3～E8を範囲選択します。
3. [挿入]タブの [縦棒／横棒グラフの挿入]ボタンをクリックし、一覧から[2-D横棒]の[積み上げ横棒]をクリックします。積み上げ横棒グラフが作成されます。

積み上げ縦棒グラフ

積み上げ縦棒グラフを作成するときも、 [縦棒／横棒グラフの挿入]ボタンを使います。縦棒、横棒ともに、立体的に表示した3-D効果の積み上げ棒グラフや100％積み上げ棒グラフを作成することもできます。

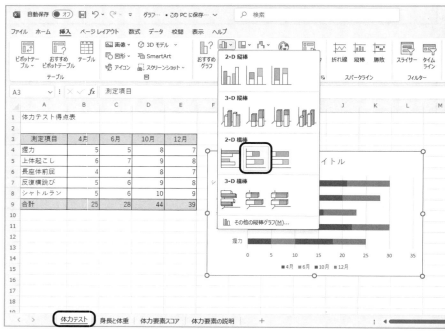

98

4. セルA11～H24にグラフを配置します。

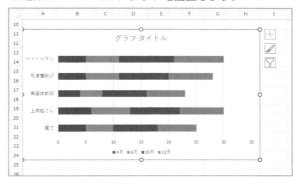

5. [グラフのデザイン]タブの[行/列の切り替え]ボタンをクリックします。凡例と項目軸が入れ替わります。

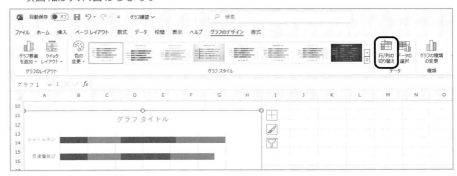

6. [グラフのデザイン]タブの[クイックレイアウト]ボタンをクリックし、一覧から[レイアウト3]をクリックします。グラフのレイアウトが変更されます。

7. [グラフタイトル]をクリックして「体力テストの得点グラフ」に書き換えます。

8. [グラフのデザイン]タブの[グラフ要素を追加]ボタンをクリックして[線]をポイントし、一覧から[区分線]をクリックします。区分線が表示されます。

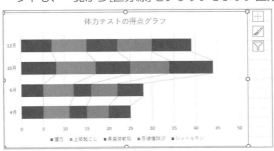

9. 変更したブックを「グラフ練習変更」という名前で、[保存用]フォルダーに保存します。

グラフのレイアウト

グラフの種類によって、[クイックレイアウト]の一覧に表示されるレイアウトは異なります。グラフの体裁を整えるときは、まず用意されているレイアウトを確認してみましょう。

区分線

データ系列間に各要素の境界を結んだ区分線を表示すると、数値の違いを強調できます。また、グラフ内に数値を表示したいときは、データラベルを利用しましょう。

> **活用**
>
> Excelの横棒グラフはデータ系列が下から上へ配置されるため、セルの項目名とデータ系列の並び順が逆になります。前述の手順で作成したグラフを上から4月、6月…12月の順に並べるには、縦（項目）軸を右クリックし、ショートカットメニューの[軸の書式設定]を選択します。[軸の書式設定]作業ウィンドウの[軸のオプション]で、[軸を反転する]チェックボックスをオンにします。

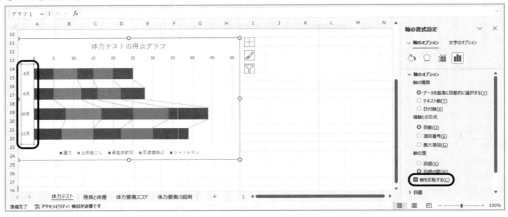

●散布図の作成

「散布図」は、2つの項目の関係を点の分布で表したグラフです。2つの数値の関連性を調べたいときに利用します。
ここでは、身長と体重の関係を表した散布図を作成してみましょう。

1. ブック「グラフ練習変更.xlsx」のシート「身長と体重」を表示します。
2. セルB4～C23を範囲選択します。
3. [挿入]タブの[散布図（X, Y）またはバブルチャートの挿入]ボタンをクリックし、一覧から[散布図]の[散布図]をクリックします。散布図グラフが作成されます。

軸に配置する項目
散布図は、縦軸と横軸の項目を入れ替えると意図しないグラフが作成されてしまう場合があります。項目を入れ替えたグラフにしたい場合は、グラフの基になるセルの位置を入れ替えて作成し直します。

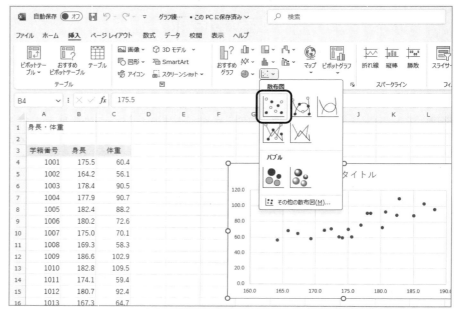

軸ラベルの追加

[グラフのデザイン]タブの[グラフ要素を追加]ボタンをクリックし、[軸ラベル]の[第1横軸]または[第1縦軸]をクリックしても軸ラベルを追加できます。

補助目盛線の表示

点の位置を正確に確認できるようにするには、補助目盛線を表示するとよいでしょう。[グラフのデザイン]タブの[グラフ要素を追加]ボタンをクリックし、[目盛線]をポイントして、縦軸、横軸ごとに指定します。方眼紙のように線を表示するには、縦横ともに設定します。

4. セルE4～L16にグラフを配置します。

5. グラフの右横にある[グラフ要素]ボタンをクリックし、[軸ラベル]の[>]をクリックし、[第1横軸]、[第1縦軸]のチェックボックスをオンにします。

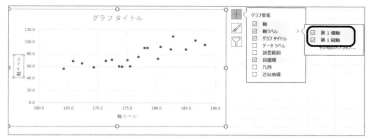

6. 横軸の下に表示された軸ラベルを「身長」に書き換えます。

7. 縦軸の左に表示された軸ラベルを「体重」に書き換えます。[ホーム]タブの[方向]ボタンをクリックし、[縦書き]をクリックします。縦書きに変更されます。

8. [グラフタイトル]を「身長と体重の関係」に変更します。

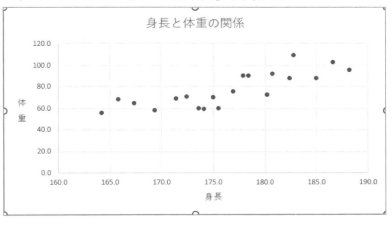

9. [上書き保存]ボタンをクリックして、ブックを上書き保存します。

> **活用**
>
> 2つの変数X、Yを表したXYグラフを作成するには、X軸、Y軸ともに数値軸にできる散布図を使います。X、Yの値を入力したセルを範囲選択し、[挿入]タブの[散布図(X, Y)またはバブルチャートの挿入]ボタンの一覧から[散布図(直線とマーカー)]を選択すると、点を直線で結ぶグラフが作成されます。わかりやすいグラフにするには、目盛の間隔を変えたり、補助線やデータラベルを表示したりするとよいでしょう。
>
>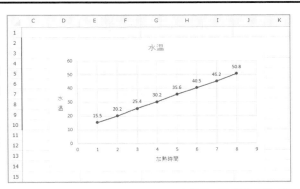

●レーダーチャートの作成

「レーダーチャート」は、複数の項目のバランスを比較したいときに適したグラフです。放射線状の軸に値をとり、その値を線でつなぎます。ここでは、マーカー付きのレーダーチャートを作成してみましょう。

1. ブック「グラフ練習変更.xlsx」のシート「体力要素スコア」を表示します。
2. セルA3～C9を範囲選択します。
3. [挿入]タブの[グラフの挿入][ウォーターフォール図、じょうごグラフ、株価チャート、等高線グラフ、レーダーチャートの挿入]ボタンをクリックし、一覧から[レーダー]の[マーカー付きレーダー]をクリックします。マーカー付きレーダーチャートが作成されます。

> **その他のグラフ**
> [挿入]タブの[グラフの挿入][ウォーターフォール図、じょうごグラフ、株価チャート、等高線グラフ、レーダーチャートの挿入]ボタンを使うと、等高線のグラフも作成できます。

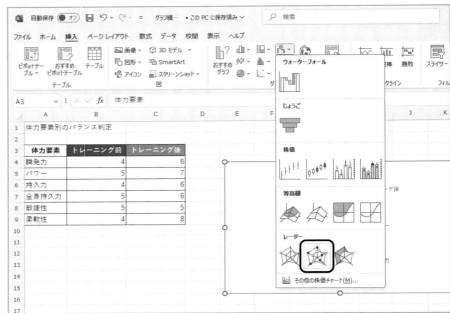

4. セルE3～K14にグラフを配置します。
5. グラフタイトルは、**Delete**キーを押して削除します。

> **グラフタイトルの削除**
> [グラフのデザイン]タブの[グラフ要素を追加]ボタンをクリックし、[グラフタイトル]の[なし]をクリックしても削除できます。

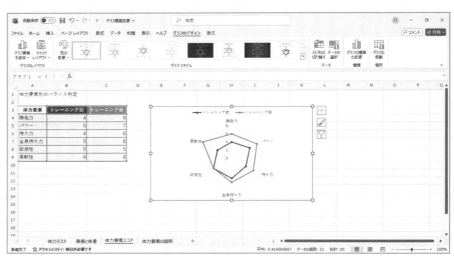

6. [上書き保存]ボタンをクリックして、ブックを上書き保存します。

図形でわかりやすさをアップさせる

データの変化が急激なときや著しくデータ量が多いときには、グラフにコメントを付けると、グラフのわかりやすさがアップします。グラフにコメントを付けるには、図形を使います。注目してほしいグラフの部分を目立たせたいときは、「吹き出し」が効果的です。

また、「SmartArtグラフィック」（以下、SmartArt）という図表を挿入する機能についても、学習しましょう。

●吹き出しの追加

ここでは、シート「体力テスト」の「10月」の積み上げ横棒グラフのデータ要素に円形の吹き出しを追加し、「体力強化月間」と表示してみましょう。

1. ブック「グラフ練習変更.xlsx」のシート「体力テスト」を表示し、積み上げ横棒グラフ内をクリックします。

2. [書式]タブの[図形の挿入]の[図形]ボタンをクリックし、一覧から[吹き出し]の[吹き出し：円形]（左から3番目）をクリックします。

図形の挿入
[挿入]タブの[図形]ボタンからも追加できます。シート上に図形を追加するときは、[挿入]タブのボタンを使います。

図形作成時に表示されるタブ
[図形の書式]タブは、図形を選択しているときにだけ表示されます。[図形のスタイル]のボタンを使うと、図形の書式を変更できます。

吹き出しのサイズ変更
吹き出しに文字が収まらない場合は、サイズ変更ハンドルをドラッグして、吹き出しのサイズを大きくします。

図形の削除
吹き出しなどの図形を削除するには、図形を選択し、**Delete**キーを押します。

文字書式の変更
文字が収まらない場合は、通常の文字書式のようにサイズを変更することができます。

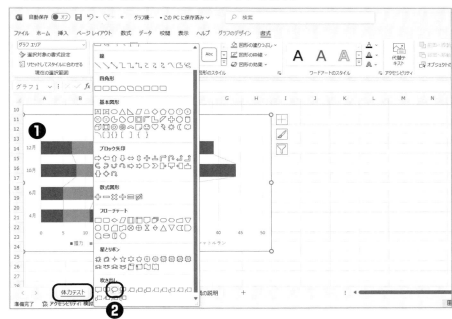

3. マウスポインターの形が＋に変わったら、ドラッグして吹き出しを描画します。

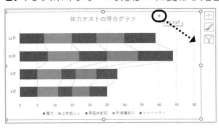 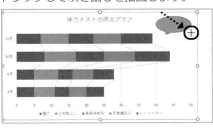

103

吹き出しの移動

グラフを選択した状態で、グラフを移動すると、グラフ上に描画した図形も一緒に移動します。ただし、この手順で描画した吹き出しは、吹き出しの先端を操作するとグラフ下部に吹き出しが移動したり、文字が収まらなくなる場合があります。その場合は、吹き出しの位置やサイズを調整しましょう。

SmartArtのレベル

SmartArtには、項目にレベルがあるものとないものがあります。たとえば、右の「中心付き循環」は中央の図形が第1レベル、周囲の図形が第2レベルです。このようなレベルの違いが、テキストウィンドウでは行頭の位置に反映されます。

SmartArtの分類

SmartArtは「リスト」、「手順」など、8つのカテゴリに分類されています。目的に合わせたものを選択しましょう。

テキストウィンドウ

テキストウィンドウの項目の行末で**Enter**キーを押すと、図形を追加できます。ただし、SmartArtの種類や選択している図形によって、図形を追加できるかどうかや、追加できる位置が異なります。項目を追加し過ぎた場合は、**Backspace**キーや**Delete**キーで「・」を削除します。また、図形内で文字を改行するには、**Shift**+**Enter**キーを押します。

---

4. 吹き出しが選択されていることを確認し、「体力強化月間」と入力します。自動的に改行されないときは、**Enter**キーを使って改行します。

5. 黄色の○をポイントし、吹き出しの先端を10月の積み上げ横棒グラフまでドラッグします。

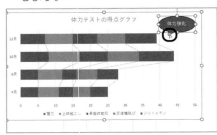 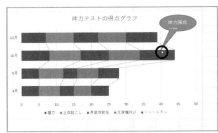

6. 吹き出しのサイズや位置を調整します。

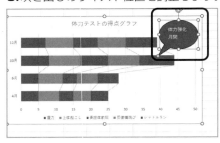

7. 🖫 [上書き保存]ボタンをクリックして、ブックを上書き保存します。

●SmartArtの描画

SmartArtは、組織図やピラミッド図、循環図などの図表を挿入する機能です。簡単な操作で書式やスタイルなどがデザインされた図表を作成できます。ここでは、中心付き循環というSmartArtを描画してみましょう。

1. ブック「グラフ練習変更.xlsx」のシート「体力要素の説明」を表示します。

2. [挿入]タブの [SmartArt] ボタンをクリックします。[SmartArtグラフィックの選択]ダイアログボックスが表示されます。

3. 左側で[循環]をクリックし、[中心付き循環]をクリックします。

4. [OK]をクリックします。

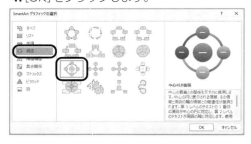

5. SmartArtが表示されます。テキストウィンドウが表示されないときは、[SmartArtのデザイン]タブの [テキストウィンドウ] ボタンをクリックします。

6. テキストウィンドウの1番上の項目に「体力要素」と入力します。中央の円に文字が表示されます。

SmartArtの移動とサイズ変更

SmartArtを移動、サイズ変更する方法は、グラフの位置やサイズを変更する操作と同様です。なお、SmartArt全体を選択するには、SmartArt内の図形が配置されない部分、またはSmartArtの枠線上をクリックします。

SmartArtの自動調整

SmartArtに文字や図形を追加または削除すると、SmartArt内の文字や図形のサイズ、配置が自動的に調整されます。

スタイルや色の変更

SmartArtを選択すると、[SmartArtのデザイン]タブと[書式]タブが表示されます。[SmartArtのデザイン]タブの[SmartArtのスタイル]や[色の変更]ボタンを使うと、SmartArtのスタイルや色をまとめて変更できます。[SmartArtのスタイル]には塗りつぶしや効果の設定を組み合わせたスタイル、[色の変更]ボタンの一覧には色を組み合わせたスタイルが登録されています。

7. ↓キーを押して次の項目にカーソルを移動し、「瞬発力」と入力します。外側の1つの円に文字が表示されます。

8. 同様の操作で、順に「パワー」、「持久力」、「全身持久力」と入力します。

9. 項目を追加するため、「全身持久力」の末尾で**Enter**キーを押します。

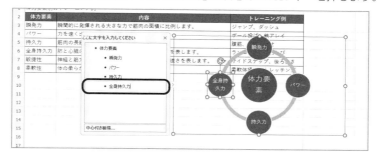

10. テキストウィンドウに項目が追加され、外側の円が1つ増えます。追加した項目に「敏捷性」と入力します。

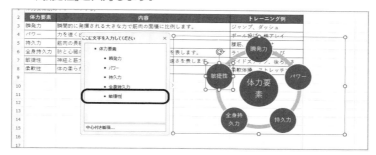

11. 同様の操作で項目を追加して「柔軟性」と入力します。

12. 作成したSmartArtを表の下に移動します。

13. シート上のSmartArt以外の部分をクリックします。SmartArtが確定されます。

14. [上書き保存]ボタンをクリックして、ブックを上書き保存します。

活用

Excelでは、シート上に画像を挿入することができます。Excel 2024では、セルの中に画像を配置することができます。挿入するには、[挿入]タブの[画像]ボタンをクリックし、一覧から[セルに配置]をクリックして画像の保存先を指定して挿入します。セルの中に画像が配置されます。挿入先のセルの右上にあるボタンから、セル内またはセルの上に配置を切り替えることができます。

ボタンをクリックしてセルの上またはセル内に切り替えられる

練習問題

1 入力内容を参考にデータを入力し、表を作成しましょう。
- B〜E列の列幅は自動調整する
- セルA3〜F3は、文字をセルの中央に配置する
- 表の1行目と7行目のセルは、背景色に「テーマの色」の「水色、アクセント4、白＋基本色80％」を設定する
- 数値データに「3桁区切り」を設定する

入力内容

	A	B	C	D	E	F
1	アジア地区支社別売上					
2						
3	支社名	第1四半期	第2四半期	第3四半期	第4四半期	年間合計
4	台湾	38,710	39,520	65,480	41,250	
5	ハノイ	18,380	15,840	26,450	20,450	
6	香港	38,740	51,980	50,780	52,640	
7	上海	50,240	58,740	78,450	70,250	
8	ソウル	40,580	40,250	42,880	40,520	
9	合計					
10						

2 SUM関数を使って、縦横の合計を一度に求めましょう。

3 セルA4〜A8とセルF4〜F8を基に、支社の年間合計の構成比を表した3-D円グラフを作成しましょう。

4 セルA12〜F26にグラフを配置しましょう。

5 [グラフタイトル]を「アジア地区売上構成比」に変更し、フォントサイズを「12」に設定しましょう。

6 パーセンテージのデータラベルをグラフの内部外側に表示して、フォントの色を「テーマの色」の「白、背景1」、太字に変更しましょう。

7 グラフを300度回転させたあと、上海の要素を円グラフから切り離しましょう。

8 セルA3〜E9を基に、四半期別の売上推移を表した2-Dの集合縦棒グラフと合計の折れ線グラフを作成しましょう。折れ線グラフの縦軸を第2軸に設定します。

9 セルA28〜G42にグラフを配置しましょう。

10 [グラフタイトル]を「アジア地区売上推移」に変更し、フォントサイズを「12」に設定しましょう。

11 集合縦棒グラフ内に、「売上最高」と入力した円形の吹き出しを追加しましょう。第2四半期の上部に表示し、吹き出し口を第3四半期の上海の棒の左上隅に伸ばします。

12 「E-L07-01」という名前で、[保存用]フォルダーに保存しましょう。

■1 入力内容を参考にデータを入力し、表を作成しましょう。
・A列の列幅は自動調整する
・セルB3～D3は、文字をセルの中央に配置する
・表の1行目と6行目のセルは、背景色に「標準の色」の「薄い緑」、下のような罫線を設定する
・数値データに「3桁区切り」を設定する

入力内容

	A	B	C	D
1	月次売上集計			
2				
3		4月	5月	6月
4	東京本社	5,800	6,300	5,500
5	大阪支社	4,860	5,800	4,160
6	名古屋営業所	4,300	4,070	4,670
7	広島営業所	3,900	4,960	4,220
8	合計			
9				

■2 SUM関数を使って、合計を求めましょう。
■3 月ごとの売上を表した100％積み上げ横棒グラフを作成しましょう。
■4 セルA11～F25にグラフを配置しましょう。
■5 グラフタイトルを非表示にし、凡例の表示位置をグラフ上部に変更しましょう。
■6 データラベルを棒の中央に表示して、フォントの色を「テーマの色」の「白、背景1」に変更しましょう。
■7 区分線を表示しましょう。
■8 上から4月、5月、6月の順に、棒を並べ替えましょう。
■9 グラフエリアを「テーマの色」の「薄い灰色、背景2」で塗りつぶしましょう。
■10 「E-L07-02」という名前で、[保存用]フォルダーに保存しましょう。

Lesson 8 データベース機能の利用

データベースとは、特定のルールに基づいて整理されたデータの集まりのことです。Excelには、データを並べ替えたり、条件に当てはまるデータだけを表示したりなど、データベースを管理するために便利な機能がいろいろあります。ここでは、データベースの基礎やデータベース形式の表作成に便利な機能を学習します。

キーワード

- □□ データベース
- □□ 日本語入力システムのオン／オフ
- □□ 検索
- □□ 置換
- □□ 並べ替え
- □□ ウィンドウ枠の固定
- □□ 改ページプレビュー
- □□ ページレイアウトビュー
- □□ 改ページ位置
- □□ ヘッダー／フッター

このレッスンのポイント

▶ データベースとは
▶ データを入力しやすくする
▶ データを検索・置換する
▶ データを並べ替える
▶ ウィンドウ枠の固定機能を利用する
▶ 改ページ位置や日付を設定する

完成例（ファイル名：サークル名簿.xlsx）

No	氏名	学部	学科	学年	連絡先	備考
	サークル名簿					
1	柏原　恵	理学部	生物学	3	070-****-9874	部長
2	田村　太郎	理学部	応用物理学	3	070-****-8708	
3	友成　知美		応用バイオ化学	3	070-****-2987	
4	佐々岡　英子	工学部	情報システム工学	3	070-****-1364	副部長
5	篠塚　美和	文学部	歴史学	3	070-****-1080	会計
6	里中　太一	理学部	生物学	2	070-****-8874	
7	園崎　香織	工学部	機械工学	2	070-****-3158	
8	掛川　あかね	理学部	応用バイオ化学	3	070-****-3041	
9	千葉　学	工学部	情報システム工学	2	070-****-2368	
10	天野　祥子	文学部	日本文学	2	070-****-9547	
11	西条　えみり	理学部	応用バイオ化学	1	070-****-5812	
12	野口　聖子	理学部	応用物理学	1	070-****-3547	
13	中尾　隆太	工学部	機械工学	1	070-****-0146	
14	桐谷　幸太郎	工学部	情報システム工学	1	070-****-6974	
15	山本　よしの	文学部	日本文学	1	070-****-1478	
16	新藤　譲治	文学部	歴史学	1	070-****-3698	
17	新庄　ルイ	理学部	生物学	4	070-****-2903	
18	原　伸治	理学部	応用物理学	4	070-****-7590	
19	小田　秋綸	工学部	機械工学	4	070-****-6412	前部長
20	戸村　伸介	文学部	日本文学	4	070-****-4855	

108

データベースとは

Excelの「データベース」機能を利用するには、集計するデータをデータベース形式の表にまとめておく必要があります。ここでは、データベースとして使う表（データベース形式の表）について、表の構成や作成ポイントを確認しましょう。

●データベースの基礎
Excelでは、シートのセル範囲をデータベースとして使うことができます。そのためには、シートの各列に見出しを付け、列見出しの下に同じ種類のデータを入力します。また、1行分のデータのまとまりを「レコード」と呼びます。

データベース用語
データベース用語では、列を「フィールド」、列見出しを「フィールド名」と呼びます。

●データベース作成のポイント
データベースとして使う表を作成するときは、次の点に注意します。

データベースの構成について
・データベースとして扱うセル範囲と他のセル範囲の間に、空白列や空白行を少なくとも1列または1行ずつ挿入する
・データベース以外の重要なデータは、データベースの左右に入力しないようにする
　データを抽出する際に、該当しないデータは非表示になるため、隠れてしまう場合がある

列見出し（フィールド名）について
・列見出しはセル範囲の先頭行に作成する
・列見出しは1行に入力する
・列見出しには、データと異なる書式を設定しておく

列（フィールド）と行（レコード）について
・同じ列に同じ種類の項目が入力されるようにデータベースを設計する
・セルの先頭に余分なスペースを挿入しないようにする
・同じ列のセルには、同じ書式を設定する

1シートに1つの表
データの抽出機能を使うと、条件に合わないデータの行は非表示になります。1つのブックで複数のデータベース形式の表を管理するときは、表ごとにシートを用意し、シート内に複数の表を作成しないようにしましょう。

セル結合を使わない
セルが結合されていると、データベース機能を実行したとき、正しい結果にならない場合があります。データベースとして使用する表では、セル結合は使わないようにしましょう。

データを入力しやすくする

データベースで管理するデータは、1行ずつ入力するのが一般的です。しかし、列ごとに「日本語入力システムのオン/オフ」を切り替えながら入力するのは面倒です。このような場合に、入力規則を利用すると日本語入力システムのオン/オフの切り替えを自動化できます。

●データベースの作成

ここでは、名簿のデータベースを作成します。最後にブックを保存しましょう。

1. 次の画面を参考にデータを入力し、列見出しと列幅を設定します。
- B列、D列、F列の列幅を「16.00」、G列は「17.50」に変更する
- 列見出しのセルは、背景色に「テーマの色」の「濃い青、テキスト2、白+基本色75%」を設定し、文字をセルの中央に配置する

2. 作成したブックを「サークル名簿」という名前で、[保存用]フォルダーに保存します。

●入力規則の設定

ここでは、「氏名」、「学部」、「学科」、「備考」のセルを選択すると、自動的に日本語入力システムがオンになるように設定しましょう。

1. 列番号B～Dを範囲選択し、**Ctrl**キーを押しながら列番号Gをクリックします。
2. [データ]タブの[データの入力規則]ボタンをクリックします。[データの入力規則]ダイアログボックスが表示されます。
3. [日本語入力]タブをクリックします。
4. [日本語入力]ボックスの▼をクリックし、一覧から[ひらがな]をクリックします。
5. [OK]をクリックします。

6. B～D、G列内のいずれかのセルを選択し、日本語入力システムがオンになっていることを確認します。

日本語入力をオフにする

自動的に日本語入力システムをオフにしたいときには、[日本語入力]ボックスの一覧の[無効]または[オフ]を選択します。[無効]の場合は、**半角/全角**キーでオンにすることもできなくなります。

オン/オフの確認

日本語入力システムのオン/オフの状態は、タスクバーの右側のアイコンで確認します。入力モードが あ のときは日本語入力がオン、A のときは日本語入力がオフです。

●データの入力

ここでは、名簿のデータを1行ずつ入力してみましょう。レコードを1件ずつ入力するときは、**Tab**キーを使うと効率的です。

1. セルA4に「1」と入力し、**Tab**キーを押します。右隣のセルがアクティブセルになります。

 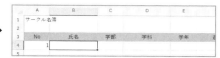

2. 次の画面を参考に、同様の操作でセルB4〜F4にデータを入力します。

3. セルG4に「部長」と入力し、**Enter**キーを押します。次の行の先頭のセルがアクティブセルになります。

4. 同様の操作で、次の画面を参考にデータを入力します。

セルの移動
Tabキーを押すと右隣のセルに、**Shift**+**Tab**キーを押すと左隣のセルに移動できます。

Enterキーの仕様
データの入力後に**Enter**キーを押すと、通常、すぐ下のセルに移動します。ただし、**Tab**キーで右に移動したあとに**Enter**キーを押すと、「最初に**Tab**キーを押した（入力を始めた）1つ下のセル」がアクティブセルになります。

ショートカットキー
Ctrl+**Home**キーを押すと、シートの先頭に移動します。**Ctrl**+**End**キーを押すと、シートの最終行の右端の列にある最後のセルに移動します。データ件数の多いデータベースを操作する場合に、覚えておくと便利です。

活用

列内にあるデータと同じデータを入力しようとすると、最初の数文字を入力した時点で自動的に残りの文字が表示されます。この機能をオートコンプリートといいます。たとえば、2番目のレコードの入力中、「学部」に「り」と入力すると「理学部」という反転した文字が表示され、**Enter**キーを押すとそのまま入力されます。「学科」の「応用物理学」と「応用バイオ科学」のように先頭に同じ文字がある場合は、「応用」に続く文字を入力した時点で表示されます。別の文字を入力したいときは、続けて文字を入力します。また、予測候補からも入力できます。

111

データを検索・置換する

シートに入力したデータの中から、特定のデータを1つずつ探すのはたいへんな作業です。このような場合、「検索」機能を使うと簡単に目的のデータを見つけることができます。また、特定のデータを別のデータに置き換えたいときは、「置換」機能を利用しましょう。

●データの検索
ここでは、「応用物理学」という文字を検索してみましょう。

1. セルA1をクリックします。
2. [ホーム]タブの[検索と選択]ボタンをクリックし、一覧から[検索]をクリックします。

検索の方向
初期設定では、アクティブセルから下方向に検索が開始されます。セルA1を選択しておくと、シートを上から順に検索できます。

3. [検索と置換]ダイアログボックスの[検索]タブが表示されていることを確認します。
4. [検索する文字列]ボックスに「応用物理学」と入力します。
5. [次を検索]をクリックします。セルD5が検索されます。
6. 検索を続ける場合は、再度、[次を検索]をクリックします。次に条件に合うセルD15が検索されます。
7. すべての検索を終えたら、[閉じる]をクリックして[検索と置換]ダイアログボックスを閉じます。

検索する文字
「応用」や「工学」といったセル内の文字の一部だけを指定して、検索することもできます。またワイルドカードを検索条件に指定することもできます。

検索結果の一覧
検索結果をまとめて確認したいときは、[すべて検索]をクリックします。[検索と置換]ダイアログボックスの下側に該当するセルが一覧表示されます。

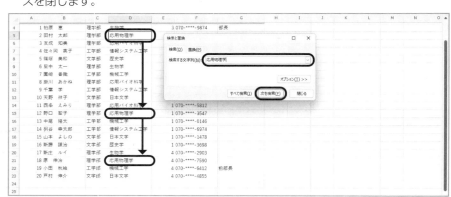

> **活用**
>
> 入力規則を設定しているセルは、画面上では確認できません。[検索と選択]ボタンの一覧から[データの入力規則]を選択すると、入力規則が設定されているセルが範囲選択され、入力規則を設定しているセルを調べることができます。

●データの置換

ここでは、「応用バイオ科学」という文字を「応用バイオ化学」にまとめて置換してみましょう。

置換する範囲の指定
特定のセル範囲のデータだけを置換したいときは、置換対象のセルを範囲選択し、置換を実行します。

1. [ホーム]タブの [検索と選択]ボタンをクリックし、一覧から[置換]をクリックします。
2. [検索と置換]ダイアログボックスの[置換]タブが表示されていることを確認します。
3. [検索する文字列]ボックスに「応用バイオ科学」、[置換後の文字列]ボックスに「応用バイオ化学」と入力します。
4. [すべて置換]をクリックします。

[検索する文字列]ボックス
置換操作の場合、[検索する文字列]ボックスには、置換前のデータを入力します。以前に検索したデータが表示されている場合は、あらためて入力し直します。

5. 置換の完了のメッセージが表示されたら、[OK]をクリックします。
6. [閉じる]をクリックして[検索と置換]ダイアログボックスを閉じます。

> **活用**
> 置換するか、しないかを1件ずつ確認したいときは、手順4で[次を検索]をクリックします。検索されたデータを置き換える場合は[置換]、置き換えない場合は[次を検索]をクリックします。すべてのデータを検索し終えるまで、同様の操作を繰り返します。

データを並べ替える

データベースのレコードは、五十音順や数値の小さい順などで「並べ替え」をすることができます。レコードを並べ替えるには、まずどの列を並べ替えの基準にするかを指定します。その際、1つの列だけでなく、複数の列を基準にすることもできます。

●昇順と降順

日本語の並べ替え
初期設定では、日本語は入力時の読みで並べ替えられます。データベースなど、外部からデータを取り込んだ場合は、読みがないため、正しい結果にならないことがあります。

並べ替えの順序は、昇順または降順で指定します。

データの種類	昇順	降順
数値	小さい順（例：0→9）	大きい順（例：9→0）
かな	あ→ん	ん→あ
アルファベット	A→Z	Z→A
日付	古い順	新しい順

113

[並べ替え]ダイアログボックス

[ホーム]タブの[並べ替えとフィルター]ボタンをクリックし、一覧から[ユーザー設定の並べ替え]をクリックしても表示できます。

表の自動選択

表内にアクティブセルがあれば、操作対象の表が自動的に認識され、選択されます。

基準の削除

[並べ替え]ダイアログボックスに追加した基準を削除するには、目的の基準を選択して[レベルの削除]をクリックします。

基準の入れ替え

基準の優先順位を変更するには、[上へ移動]または[下へ移動]の各ボタンを使って、優先順位の高い順に上から並べます。

●複数の列を基準にした並べ替え

「商品ごとに金額の多い順」、「地区別に五十音順」のような条件でレコードを並べ替えるには、[並べ替え]ダイアログボックスを使って複数の基準を指定します。
ここでは、学部別に学年の大きい順に並べ替えてみましょう。

1. 表内をクリックし、[データ]タブの[並べ替え]ボタンをクリックします。[並べ替え]ダイアログボックスが表示されます。
2. [最優先されるキー]ボックスの▼をクリックし、一覧から[学部]をクリックします。[並べ替えのキー]ボックスに[セルの値]、[順序]ボックスに[昇順]と表示されていることを確認します。
3. [レベルの追加]をクリックします。
4. 追加した[次に優先されるキー]ボックスの▼をクリックし、一覧から[学年]をクリックします。
5. [並べ替えのキー]ボックスに[セルの値]と表示されていることを確認します。
6. [順序]ボックスの▼をクリックし、一覧から[大きい順]をクリックします。
7. [OK]をクリックします。

8. 学部ごとに、学年の大きい順にレコードが並べ替えられます。

活用

並べ替えの基準になる列を「キー」と呼びます。[並べ替えのキー]ボックスの▼をクリックして、一覧から[セルの色]や[フォントの色]などを選択すると、セルに設定している書式を基準に並べ替えることができます。

●1つの列を基準にした並べ替え

1つの列を基準に並べ替えるには、基準となる列内のセルを選択し、[データ]タブの[昇順]ボタンまたは[降順]ボタンをクリックするだけです。
ここでは、「No」の小さい順に並べ替えてみましょう。

1. 「No」内のセルをクリックします。
2. [データ]タブの[昇順]ボタンをクリックします。「No」の小さい順にレコードが並べ替えられます。

活用

何度も並べ替えを行うと、操作前の並び順に戻せなくなる場合があります。「No」のように、あらかじめレコードに通し番号を付けておくと、その列を基準にして元の並び順に戻すことができます。

活用

商品分類や営業所など、昇順・降順ではなく、独自の基準で並べ替えたいときには、ユーザー設定リストを使います。ユーザー設定リストは、次のように作成します。

1. 表内をクリックし、[並べ替え]ダイアログボックスを表示します。
2. [最優先されるキー]ボックスに基準の列を指定します。
3. [順序]ボックスの▼をクリックし、一覧から[ユーザー設定リスト]を選択します。
4. [ユーザー設定リスト]ダイアログボックスが表示されたら、右側の[リストの項目]ボックスに、並び替える順に項目を上から入力します。
5. [追加]をクリックして、左側の[ユーザー設定リスト]ボックスに項目を登録します。
6. [ユーザー設定リスト]ボックスで追加した項目を選択していることを確認し、[OK]をクリックします。
7. [並べ替え]ダイアログボックスの[順序]ボックスに登録した項目が表示されたら、[OK]をクリックします。

ウィンドウ枠の固定機能を利用する

レコード数の多いデータベースは、画面をスクロールすると列見出しが隠れてしまうため、何を表すデータかわかりにくくなります。このようなときは、「ウィンドウ枠の固定」機能を利用して、画面をスクロールしても行や列が常に固定して表示されるように設定しましょう。

ここでは、行番号1〜3の行が常に表示されるようにしてみましょう。行を固定する場合は、固定する行のすぐ下の行を選択しておきます。

1. 行番号4をクリックします。
2. [表示]タブの [ウィンドウ枠の固定]ボタンをクリックし、一覧から[ウィンドウ枠の固定]をクリックします。

列の固定

列を固定するには、固定する列のすぐ右の列を選択しておきます。
セルを選択した場合は、セルの左側にある列と、セルの上側にある行が固定されます。

先頭行、先頭列の固定
[先頭行の固定]や[先頭列の固定]を選択すると、自動的に先頭行または先頭列が固定されます。

ウィンドウ枠固定の解除
ページレイアウトビューで操作をした場合は、ウィンドウ枠の固定は解除されます。

3. 行番号1～3の行が固定されます。画面をスクロールして、固定した行が常に表示されるのを確認しましょう。

4. 確認を終えたら、ウィンドウ枠の固定を解除しておきます。[表示]タブの[ウィンドウ枠の固定]ボタンをクリックし、一覧から[ウィンドウ枠固定の解除]をクリックします。

> **活用**
>
> シートの離れた箇所を同時に確認したいときは、ウィンドウを分割します。ウィンドウ枠の固定と同様、分割する基準を指定したあと、[表示]タブの[分割]ボタンをクリックします。分割バーが表示されて、ウィンドウが分割されます。
> ウィンドウの分割を解除するには、分割バー上をダブルクリックするか、[分割]ボタンをクリックします。分割バーをドラッグして、分割位置を変更することもできます。

> **活用**
>
> 複数のブックを開いている場合、1つの画面内に複数のブックを並べて表示できます。複数のブックを開いた状態で[表示]タブの[整列]ボタンをクリックし、[ウィンドウの整列]ダイアログボックスで整列方法を指定します。
> ・並べて表示：上下方向と左右方向を組み合わせて表示する
> ・上下に並べて表示：上下方向に並べて表示する
> ・左右に並べて表示：左右方向に並べて表示する
> ・重ねて表示：タイトルバー分だけずらして、重ねて表示する

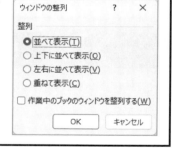

改ページ位置や日付を設定する

ヘッダーとフッター
印刷日やページ番号といった補足情報は、ページの余白に印刷します。ページ上部の余白に印刷されるものをヘッダー、下部の余白に印刷されるものをフッターといいます。

シートの編集画面には、標準の画面の他に、「改ページプレビュー」や「ページレイアウトビュー」があります。
印刷時にページを分ける位置を変更したいときは、改ページプレビューを使って、「改ページ位置」を変更します。ページレイアウトビューでは、ページの余白を直接確認、編集することができます。各ページに印刷日やページ番号が自動で印刷されるようにしたいときは、ページレイアウトビューに切り替えて、ページの余白に「ヘッダー」または「フッター」を設定します。

改ページプレビュー

画面右下にある[改ページプレビュー]ボタンをクリックしても表示できます。

改ページプレビューの画面

画面を切り替えると、ページや印刷範囲を区切る青い線が表示され、灰色の箇所は印刷されません。

画面の倍率の変更

ズームスライダーの[+]や[-]をクリックすると、10%ずつ表示倍率を変更できます。スライダーをドラッグして変更することもできます。

改ページを示す線

挿入した改ページ位置は実線で表示されます。自動的に設定された改ページ位置は点線ですが、位置を変更すると実線に変わります。

●改ページ位置の変更

改ページプレビューでは、ページや印刷範囲を区切る線をドラッグして、改ページ位置や印刷範囲を変更できます。
ここでは、改ページプレビューに切り替えて、「備考」の列が他の列と同じページに印刷されるようにしましょう。

1. [表示]タブの [改ページプレビュー]ボタンをクリックします。
2. 改ページプレビュー画面に切り替わります。

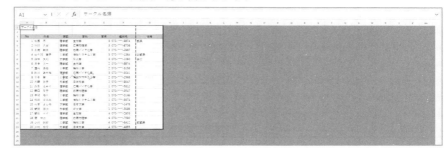

3. 改ページプレビューは、標準の状態では60%に縮小して表示されます。画面の表示倍率を変更するには、画面右下のズームスライダーを使用します。ここでは[+]を2回クリックして、80%に拡大表示します。

4. F列とG列の間の点線をポイントし、マウスポインターの形が⇔に変わったらG列とH列の境界までドラッグします。改ページが解除されて、G列までが1ページ目の印刷範囲になります。

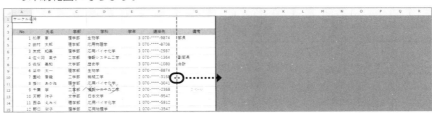

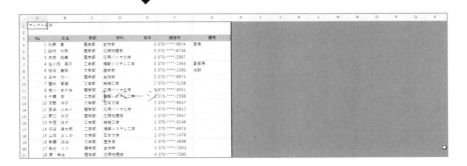

117

活用

特定の位置でページを分けたいときは、改ページを挿入します。改ページしたい行を選択し、[ページレイアウト]タブの[改ページ]ボタンをクリックして、一覧から[改ページの挿入]を選択します。選択した行の上に、改ページ位置の実線が表示されます。列の場合も同様です。また、標準の編集画面やページレイアウトビューでも、改ページを挿入できます。

挿入した改ページを削除したいときは、削除する改ページの位置の行または列を選択し、[改ページ]ボタンの一覧から[改ページの解除]を選択します。一覧の[すべての改ページを解除]を選択すると、手動で挿入したすべての改ページをまとめて削除できます。

活用

Excelには、表を印刷するための便利な機能がいろいろあります。表の一部だけ印刷したいときは、印刷範囲を設定します。セルを範囲選択し、[ページレイアウト]タブの[印刷範囲]ボタンをクリックして、一覧から[印刷範囲の設定]を選択します。一度設定すれば、解除するまで設定は有効です。

表をページ内に収めて印刷したいときは、拡大縮小印刷を利用します。[ページレイアウト]タブの[拡大縮小印刷]の[縦]ボックスや[横]ボックスにページ数を設定すれば、自動的に最適な倍率で印刷されます。

特定の行や列を印刷タイトルに設定することもできます。印刷タイトルとは、複数ページにわたるときに繰り返し表示される行または列見出しのことです。[ページレイアウト]タブの[印刷タイトル]ボタンをクリックし、[ページ設定]ダイアログボックスの[シート]タブの[印刷タイトル]の[タイトル行]または[タイトル列]ボックスに、印刷タイトルに設定したい行または列を指定します。

ページレイアウトビュー
画面右下の[ページレイアウト]ボタンをクリックしても表示できます。
ページレイアウトビューでは1ページに収まるイメージを確認しながら作業ができます。

[ヘッダーとフッター]タブ
ヘッダーまたはフッターの領域をクリックすると、自動的に[ヘッダーとフッター]タブが表示されます。ヘッダーまたはフッター内にカーソルがあるときだけ表示されます。

●ヘッダーの設定

各ページに現在の日付やページ番号が自動で印刷されるようにするには、ヘッダーまたはフッターを設定します。ここでは、ページレイアウトビューに切り替えて、ページの右上のヘッダー部分に現在の日付が印刷されるように設定しましょう。

1. [表示]タブの[ページレイアウト][ページレイアウト]ボタンをクリックします。ページレイアウトビューに切り替わります。

2. ページの右上の余白部分をクリックします。

3. [ヘッダーとフッター]タブの[現在の日付]ボタンをクリックします。「&[日付]」と表示されます。

ヘッダー/フッター要素

[ヘッダー/フッター要素]の各ボタンを使うと、日付以外にも、ページ番号やブック名、シート名などを設定できます。

ヘッダーやフッターの削除

ヘッダーやフッターを削除するには、「&[日付]」といった設定内容を**Delete**キーなどで削除します。

ヘッダーやフッターの確認

ヘッダーやフッターの設定内容は、標準の編集画面には表示されません。確認するには、印刷プレビューまたはページレイアウトビューを利用します。

4. シート内の任意の位置をクリックします。右側のヘッダーに、現在の日付が表示されます。

5. 📄[上書き保存]ボタンをクリックして、ブックを上書き保存します。

> **活用**

[ヘッダーとフッター]タブの各ボタンを使うと、ページ番号やファイル名、シート名などのあらかじめ用意されている複数の要素をまとめて設定できます。
ヘッダーやフッターには、[ヘッダー/フッター要素]のボタンを使わずに、任意の文字列を入力することもできます。セルに入力したデータと同じようにフォントやフォントサイズなども設定できます。

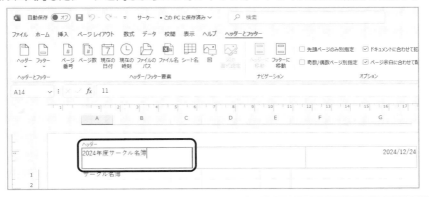

> **活用**

他の人に見せる印刷物は、レイアウトを整えたり、ページ番号を付けたりして、わかりやすくするように工夫しましょう。たとえばモノクロで印刷する場合は、[白黒印刷]を設定するとよいでしょう。色の違いが網掛けなどの模様に置き換えられて、グラフなどは確認しやすくなります。白黒印刷を設定するには、[ページレイアウト]タブの[シートのオプション]グループ右下の🔲[シートのページ設定]ボタンをクリックし、[ページ設定]ダイアログボックスの[シート]タブの[白黒印刷]チェックボックスをオンにします。

練習問題

1 入力内容1を参考にデータを入力し、データの配置を整えましょう。
　・B列の列幅を「11.00」、C列の列幅を「35.00」、F列の列幅を「18.00」に変更し、D列とE列の列幅は自動調整する
　・セルA3～F3のセルは、文字をセルの中央に配置する

入力内容1

2 項目名のセルに、次の書式を設定しましょう。
　・背景色に「テーマの色」の「オレンジ、アクセント2、黒＋基本色25％」を設定する
　・フォントの色を「テーマの色」の「白、背景1」に設定する
　・太字を設定する

3 入力規則を設定して、B列、C列、F列のセルを選択すると、自動的に日本語入力システムがオンになるように設定しましょう。

4 入力内容2を参考に、1件ずつレコードを入力しましょう。
　・価格に「3桁区切り」を設定する

入力内容2

	A	B	C	D	E	F
1	セット商品一覧					
2						
3	商品番号	区分	商品名	包装紙あり価格	簡易包装価格	備考
4	101	コーヒー	アイスコーヒーセット	2,500		
5	102	コーヒー	高級コーヒーセット	5,000		
6	103	紅茶	紅茶＆クッキーセット	3,800		
7	104	紅茶	紅茶＆チョコレートセット	3,800		
8	105	紅茶	紅茶セレクトセット	2,000		
9	106	コーヒー	コーヒーゼリーギフト	2,500		
10	107	バラエティ	コーヒープリン＆水ようかん（小）	2,000		
11	108	バラエティ	コーヒープリン＆水ようかん（大）	3,500		
12	109	コーヒー	特選プレミアムギフト	5,600		
13	110	コーヒー	ドリップパック100個セット	6,400		送料無料
14	111	コーヒー	ドリップパック10個セット	1,000		のし入れ不可
15	112	コーヒー	ドリップパック30個セット	3,000		
16	113	ワイン	フリーズドライインスタント（2本）	2,000		
17	114	ワイン	フリーズドライインスタント（3本）	3,000		
18	115	コーヒー	水出しコーヒーギフト	3,700		
19	116	コーヒー	有機栽培コーヒーセット	3,800		
20	117	コーヒー	レギュラーコーヒーセット	3,500		
21	118	ワイン	ワイン＆コーヒーセット（赤）	2,800		
22	119	ワイン	ワイン＆コーヒーセット（白）	2,800		
23	120	ワイン	ワイン＆コーヒーセット（ロゼ）	2,800		

5 「包装紙あり価格×90％」の数式を入力して「簡易包装価格」を求めましょう。「簡易包装価格」にも「3桁区切り」を設定します。

6 「区分」の種類別に、「包装紙あり価格」の数値が大きい順にレコードを並べ替えましょう。「区分」は昇順で並べ替えます。

7 置換機能を使って、「商品名」の「ギフト」を「セット」に変更しましょう。

8 改ページプレビューに切り替えて、「備考」の列まで1ページ目に印刷されるようにしましょう。

9 ページレイアウトビューに切り替えて、ページの右下のフッター部分の右端に現在の日付が印刷されるようにしましょう。

10 標準の編集画面に切り替えて、画面をスクロールしても行番号1～3の行が常に表示されるようにしましょう。

11 「E-L08-01」という名前で、[保存用]フォルダーに保存しましょう。

1 ブック「顧客リスト.xlsx」を開きましょう。

2 置換機能を使って、「企業名」の「株式会社」を「(株)」、「有限会社」を「(有)」に変更しましょう。

3 「都道府県」別にレコードを並べ替えましょう。ユーザー設定リストを使って、「都道府県」の「東京都」、「神奈川県」、「千葉県」の順に並べます。

4 印刷の向きを横に設定しましょう。

5 改ページプレビューに切り替えて、表の横幅がページ内に収まるように設定しましょう。さらに、「神奈川県」以降のレコードが2ページ目に印刷されるように改ページを挿入しましょう。

6 [ヘッダーとフッター]タブの[フッター]ボタンを使って、フッターに「機密」、「日付」、「ページ番号」が印刷されるようにしましょう。

7 標準の編集画面に切り替えて、画面をスクロールしても行番号1～3の行が常に表示されるようにしましょう。

8 行番号1～3の行を印刷タイトルに設定しましょう。

9 「E-L08-02」という名前で、[保存用]フォルダーに保存しましょう。

Lesson9 データの抽出

Excelのデータベース機能には、条件に合うデータだけを抽出して表示する機能があります。たとえば、オートフィルター機能を使うと、「数値が100以上」、「"東京"という文字を含む」などの条件を簡単な操作で指定できます。さらに詳細な条件を指定したいときは、フィルターオプション機能を利用します。ここではデータの抽出方法と、データベース形式の表の管理に便利なテーブル機能について学習します。

キーワード

☐☐テーブル
☐☐テーブルスタイル
☐☐テーブルの集計行
☐☐オートフィルター
☐☐数値フィルター
☐☐テキストフィルター
☐☐日付フィルター
☐☐トップテンフィルター
☐☐ワイルドカード
☐☐フィルターオプション

このレッスンのポイント

▶ テーブルを作成する
▶ テーブルに集計行を追加する
▶ 簡単にデータを抽出する
▶ いろいろな条件でデータを抽出する
▶ 詳細な条件でデータを抽出する

完成例（ファイル名：栄養成分表.xlsx ／ランチ週間売上実績変更.xlsx）

食堂メニューの栄養成分表

No	種別	メニュー	エネルギー (kcal)	脂質 (g)	塩分 (g)
3	和食	あじフライ定食	767	25.2	4.8
4	和食	しょうが焼き定食	907	38.9	5.9
9	中華	酢豚定食	780	37.5	7.0
12	洋食	オムライス	840	37.0	4.2
13	洋食	ビーフカレーライス	763	35.6	4.0

ランチ週間売上実績

日付	種別	料理名	単価	数量	金額
		カレーうどん		>=35	
		天ぷらそば		>=35	
		チャーハン		>=35	
日付	種別	料理名	単価	数量	金額
7月4日	中華	チャーハン	420	36	15,120
7月4日	和食	天ぷらそば	480	38	18,240
7月5日	和食	カレーうどん	450	46	20,700
7月5日	中華	チャーハン	420	39	16,380
7月7日	中華	チャーハン	420	38	15,960
7月8日	和食	カレーうどん	450	44	19,800
7月8日	中華	チャーハン	420	39	16,380

テーブルを作成する

Excelのデータベース機能の1つに「テーブル」機能があります。シート上に作成した表をテーブルに変換すると、そのセル範囲は他の行や列と区別して扱われ、テーブル内のデータを効率よく集計したり、抽出することができます。

●表の作成

ここでは、料理の栄養成分表を作成します。最後にブックを保存しましょう。

1. 次の画面を参考に、数値や文字を入力して、体裁を整えます。
- D列の列幅を「23.00」、E列は「10.00」に変更する
- 項目名は画面のように、セル内で改行して2行にし、上下中央揃えにする
- 「脂質」と「塩分」は小数点第1位まで表示する

	A	B	C	D	E	F	G
1		食堂メニューの栄養成分表					
2							
3		No	種別	メニュー	エネルギー(kcal)	脂質(g)	塩分(g)
4		1	和食	カレーうどん	579	16.8	6.0
5		2	和食	天ぷらそば	586	17.3	5.0
6		3	和食	あじフライ定食	767	25.2	4.8
7		4	和食	しょうが焼き定食	907	38.9	5.9
8		5	和食	親子丼	660	15.1	3.9
9		6	和食	牛丼	632	21.5	4.4
10		7	中華	しょうゆラーメン	419	5.0	5.7
11		8	中華	五目焼きそば	658	27.7	3.8
12		9	中華	酢豚定食	780	37.5	7.0
13		10	中華	チャーハン	700	17.7	4.6
14		11	洋食	ハンバーグセット	920	41.7	3.6
15		12	洋食	オムライス	840	37.0	4.2
16		13	洋食	ビーフカレーライス	763	35.6	4.0
17		14	洋食	スパゲッティナポリタン	708	34.5	3.1
18		15	洋食	えびグラタン	650	34.5	2.9

2. 作成したブックを「栄養成分表」という名前で、[保存用]フォルダーに保存します。

●テーブルの作成

ここでは、表(セルB3~G18)をテーブルに変換しましょう。

1. 表内をクリックします。
2. [挿入]タブの[テーブル]ボタンをクリックします。[テーブルの作成]ダイアログボックスが表示され、表の周囲(テーブルに変換する範囲)に点滅する点線が表示されます。
3. [テーブルに変換するデータ範囲を指定してください]ボックスに表示されているセル範囲が正しいことを確認します。
4. [先頭行をテーブルの見出しとして使用する]チェックボックスがオンになっていることを確認します。
5. [OK]をクリックします。

表の自動選択
表内にアクティブセルがあれば、表全体が自動的に認識されます。

テーブル作成時に表示されるタブ
テーブルに変換すると、自動的に[テーブルデザイン]タブに切り替わります。[テーブルデザイン]タブは、テーブル内のセルを選択しているときだけ表示されます。

列見出しの指定

列見出し（見出し行）のない表の場合は、手順4でチェックボックスをオフにします。自動的に行が追加されて、「列1」のような列見出しが表示されます。

6. テーブルが作成されます。テーブルの書式が設定されて、列見出しに▼が表示されます。

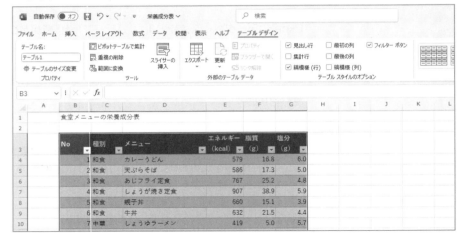

活用

テーブルには、次のようなデータ管理機能があります。

・オートフィルターの設定
表をテーブルに変換するとオートフィルターが自動的に有効になり、列見出しに▼が表示されます。

・テーブルの書式設定
あらかじめ用意されている書式を適用して、簡単に表の体裁を整えることができます。

・集計行の表示
テーブルの末尾に集計行を表示して、テーブル内のデータを自動集計することができます。

・行や列の挿入、削除
必要に応じて、テーブル内の任意の位置に行や列を後から挿入することができます。挿入する位置のセルを右クリックし、ショートカットメニューの[挿入]の[テーブルの列（左）]または[テーブルの行（上）]をクリックします。不要なデータは、同様の方法でショートカットメニューの[削除]から削除できます。

・テーブルの拡張
テーブルのすぐ下の行や右隣の列にデータを入力すると、初期状態では自動的にテーブルが拡張されて、テーブルの書式が適用されます。数式が入力されている場合は、自動的に数式も入力されます。

●テーブルの書式の変更

テーブルには、テーブル全体の書式が登録されている「テーブルスタイル」という機能があります。テーブルスタイルを利用すれば、テーブルのデザインを簡単に変更できます。ここでは、「緑、テーブルスタイル（中間）7」を設定してみましょう。

1. テーブル内をクリックします。
2. [テーブルデザイン]タブの[テーブルスタイル]の[クイックスタイル]ボタンをクリックし、一覧から[中間]の[緑、テーブルスタイル（中間）7]（上から1番目、右端）をクリックします。
3. 指定したテーブルスタイルに変更されます。

リアルタイムプレビュー
一覧でテーブルスタイルをポイントすると、リアルタイムプレビュー機能により、指定したスタイルが適用された状態を確認できます。

テーブルスタイルのデザイン
[テーブルデザイン]タブの[テーブルスタイルのオプション]の設定（縞模様）によって、一覧に表示されるスタイルのデザインは変わります。

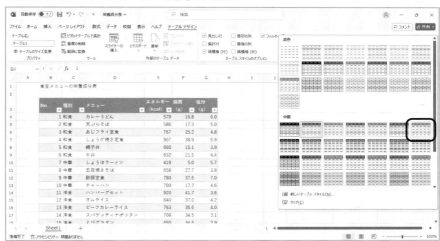

活用

テーブルの縞模様は、[テーブルデザイン]タブの[縞模様（行）]、[縞模様（列）]の各チェックボックスのオン、オフで縦縞と横縞を切り替えることができます。たとえば、縦縞にするには[縞模様（行）]をオフ、[縞模様（列）]をオンにします。
また、[最初の列]や[最後の列]のチェックボックスをオンにすると、[最初の列]は左端、[最後の列]は右端の列のデータが強調して表示されます。

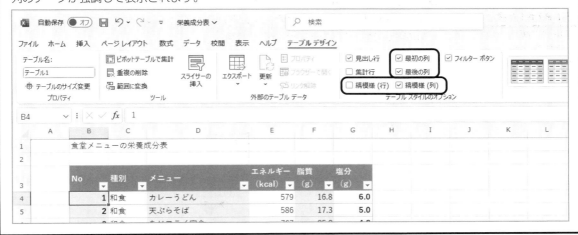

活用

[ホーム]タブの[テーブルとして書式設定]ボタンを使うと、あらかじめテーブルスタイルを指定して、テーブルを作成することができます。

テーブルに集計行を追加する

シート上で合計や平均を求める場合、通常、計算対象を指定した数式を入力します。テーブルを利用すると、チェックボックスをオンにするだけで、テーブルの最終行に「集計行」を追加できます。
初期設定では、集計行の右端のセルに合計の値が表示されますが、手動で平均や最大値、最小値など、他の集計方法に変更したり、他の列に集計結果を表示したりすることもできます。
ここでは、テーブルに集計行を追加して、「エネルギー」の列に平均、「塩分」の列は集計をなしにします。その後、集計行を削除してみましょう。

1. テーブル内をクリックします。
2. [テーブルデザイン]タブの[集計行]チェックボックスをオンにします。テーブルの末尾に集計行が追加され、「塩分」のデータの合計が表示されます。

テーブルの見出し
テーブルをスクロールして見出し行が隠れると、列番号の位置に列見出しが表示されるようになります。

集計行に表示される値
テーブルの右端のデータが文字列の場合は、合計の代わりにデータの個数が表示されます。

3. 集計行の「エネルギー」のセルをクリックます。
4. セルの右端に表示された▼をクリックし、一覧から[平均]をクリックします。「エネルギー」のデータの平均が表示されます。

5. 集計行の「塩分」のセルをクリックします。

集計をなしにする
集計行のセルをクリックし、**Delete**キーを押しても集計をなしにできます。

6. セルの右端の▼をクリックし、一覧から[なし]をクリックします。「塩分」の合計が非表示になります。

7. [テーブルデザイン]タブの[集計行]チェックボックスをオフにします。集計行が削除されます。

活用

集計行は一覧から集計方法を選択するだけでなく、セルをクリックして文字を入力することもできます。

活用

テーブルを解除するには、テーブル内をクリックして[テーブルデザイン]タブの [範囲に変換][範囲に変換]ボタンをクリックします。メッセージが表示されたら[はい]をクリックします。テーブルを解除しても、表示した集計行や書式はそのまま残るので、必要に応じて削除または変更します。テーブルで設定された書式全体を解除してテーブルを解除したい場合は、セル範囲に変換する前に[テーブルスタイル]の一覧で[淡色]の[なし]（一番上、左端）をクリックして、テーブルの書式を解除します。次に、テーブルを解除すれば、テーブルの書式を残さずに戻すことができます。

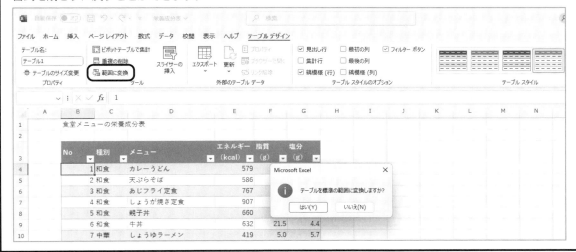

簡単にデータを抽出する

表をテーブルに変換すると、自動的に「オートフィルター」が設定されます。オートフィルターを使用すると、条件に合うデータだけを抽出できます。条件に合わないデータの行は一時的に非表示になるだけで、抽出結果を解除すれば、すべてのデータが表示されます。

●データの抽出
ここでは、「種別」が「和食」と「洋食」のデータを抽出してみましょう。

1. 「種別」の▼をクリックします。
2. [中華]チェックボックスをオフにします。
3. [和食]と[洋食]のチェックボックスがオンになっていることを確認し、[OK]をクリックします。「種別」が「和食」と「洋食」のデータだけが表示され、データを抽出した列の▼が▼に変わります。ステータスバーに抽出したデータ数が表示されます。

[(すべて選択)]チェックボックス
[(すべて選択)]チェックボックスを使うと、その下のチェックボックスのオン、オフをまとめて切り替えることができます。

複数の列での抽出
抽出したデータを、別の列で条件を指定して、さらに絞り込むこともできます。

オートフィルターの並べ替え機能
オートフィルターの一覧の[昇順]、[降順]、[色で並べ替え]を使って、その列を基準にデータを並べ替えることができます。

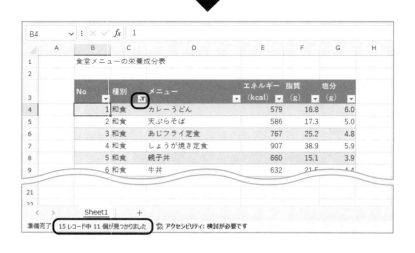

活用

集計行を表示しているテーブルでオートフィルターを実行すると、抽出結果のデータだけが集計されます。集計結果は自動的に更新されるので、抽出したデータの合計やデータの個数などを確認したいときに便利です。

活用

テーブルを使用せずにオートフィルターを設定することもできます。表内をクリックし、[データ]タブの[フィルター]ボタンをクリックします。列見出しに▼が表示されて、テーブルの抽出と同様の操作でデータを抽出することができます。オートフィルターを解除するには、再度、[フィルター]ボタンをクリックします。

●数値フィルター

数値が入力されている列を条件に指定すると、オートフィルターの一覧には「数値フィルター」が表示されます。数値を基準にして、「〜と等しい」、「〜以上」、「〜の範囲内」などの条件を指定できます。
ここでは「和食」と「洋食」のデータの中から、「エネルギー」が650以下のデータを抽出してみましょう。

1.「エネルギー」の▼をクリックします。
2.[数値フィルター]をポイントし、一覧から[指定の値以下]をクリックします。

3.[カスタムオートフィルター]ダイアログボックスの左上のボックスに[以下]と表示されていることを確認します。
4. 右上のボックスに「650」と入力します。
5.[OK]をクリックします。

条件の設定
指定した条件によって、[カスタムオートフィルター]ダイアログボックスの右のボックスに設定されている条件が変わります。

条件の再適用
抽出した後にデータを追加した場合、[データ]タブの[再適用]ボタンをクリックすると、抽出結果が更新されます。

6. 条件に合ったデータだけが表示されます。

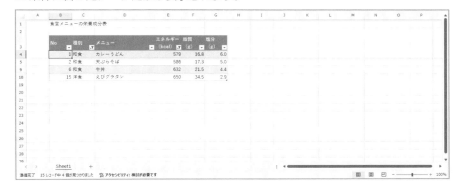

活用

条件を指定する列に文字列が入力されている場合、オートフィルターの一覧には「テキストフィルター」が表示されます。また、日付が入力されている列は「日付フィルター」が表示されます。数値フィルターと同様、一覧から条件を選択し、[カスタムオートフィルター]ダイアログボックスで詳細を指定します。日付フィルターは、[明日]、[今週]、[昨年]など期間の決まった条件を選択して、そのまま条件に合うデータを抽出することもできます。

●抽出結果の解除

抽出結果を解除してデータを再表示するには、列ごとに解除する方法と、複数の列の抽出結果をまとめて解除する方法があります。ここでは、「種別」と「エネルギー」の抽出結果をまとめて解除してみましょう。

1. テーブル内をクリックします。
2. [データ]タブの ［クリア］ボタンをクリックします。抽出結果が解除され、すべてのデータが表示されます。 が▼に変わります。

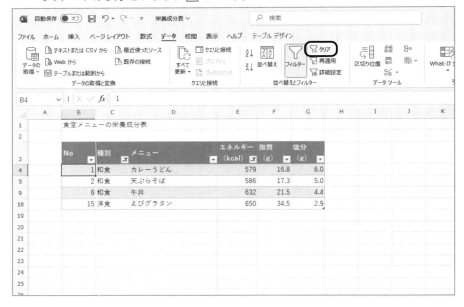

活用

列ごとに抽出結果を解除するには、解除する列の をクリックし、一覧の["〜"からフィルターをクリア]をクリックします（〜の部分には、列見出しの項目が入ります）。

いろいろな条件でデータを抽出する

数値フィルターの「トップテンフィルター」を利用すると、「上位5位以内」、「下位20%以内」といった条件でデータを抽出することができます。また、「500以上かつ1000未満」や「定食またはライス」のように、2つの条件を組み合わせて指定することもできます。

●トップテンフィルター

ここでは、トップテンフィルターを使って、「塩分」が上位5位以内のデータを抽出してみましょう。

1. 「塩分」の▼をクリックします。
2. [数値フィルター]をポイントし、一覧から[トップテン]をクリックします。
3. [トップテンオートフィルター]ダイアログボックスの左側のボックスに[上位]と表示されていることを確認します。
4. 中央のボックスに「5」を指定し、右側のボックスに[項目]と表示されていることを確認します。
5. [OK]をクリックします。

下位の指定
下位の条件を指定するには、左側のボックスの▼をクリックして一覧から[下位]をクリックします。

パーセンテージでの指定
右側のボックスの▼をクリックして一覧から[パーセント]を選択すると、「30%以内」といった条件を指定できます。

6. 条件に合ったデータだけが表示されます。確認したら、抽出条件を解除して、すべてのデータを表示しておきましょう。

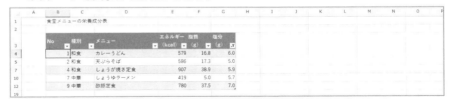

活用

[数値フィルター]の一覧から[平均より上]または[平均より下]を選択すると、指定した列内で「平均より大きい」または「平均より小さい」が自動的に判定され、条件に合うデータが抽出されます。

●AND条件とOR条件

2つの条件を組み合わせて指定するときは、[カスタムオートフィルター]ダイアログボックスの上下のボックスを利用します。その際、2つの条件を「かつ」で結び、両方の条件を満たすデータを抽出するときは[AND]を選択します。2つの条件を「または」で結び、少なくともいずれか1つの条件を満たすデータを抽出するときは[OR]を選択します。
ここでは、「定食」または「ライス」という文字で終わるデータを抽出してみましょう。

1. 「メニュー」の▼をクリックします。
2. [テキストフィルター]をポイントし、一覧から[ユーザー設定フィルター]をクリックします。

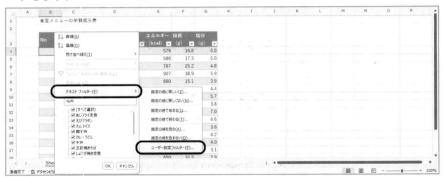

3. [カスタムオートフィルター]ダイアログボックスの左上のボックスの▼をクリックし、一覧から「で終わる」をクリックします。右上のボックスに「定食」と入力します。
4. [OR]をクリックします。
5. [カスタムオートフィルター]ダイアログボックスの左下のボックスの▼をクリックし、一覧から「で終わる」をクリックします。右下のボックスに「ライス」と入力します。
6. [OK]をクリックします。

7. 条件に合ったデータだけが表示されます。

8. 🖫[上書き保存]ボタンをクリックして、ブックを上書き保存します。

活用

「ワイルドカード」と呼ばれる「*」や「?」といった記号を利用すると、1つまたは複数の任意の文字を抽出条件に指定できます。これらの記号は、検索機能や置換機能などでも利用できます。Excel以外でも、ファイルを検索する場合などにも活用できるので覚えておきましょう。

記号	意味	使用例	対象となる文字
?	任意の1文字を表す	?丼	牛丼　天丼　豚丼
*	任意の文字を表す （0文字、1文字、複数の文字も含む）	*丼	丼　牛丼　親子丼　いくら丼　かき揚げ丼

詳細な条件でデータを抽出する

オートフィルター機能は、1つの列に指定できる抽出条件は2つまでで、3つ以上の条件は指定できません。このようにオートフィルター機能では実行できない、さらに高度な条件を指定したいときは、「フィルターオプション」機能を利用しましょう。

●検索条件範囲の作成

フィルターオプション機能では、検索条件範囲と呼ぶセル範囲に抽出条件を入力します。フィルターオプション機能を利用するには、あらかじめ検索条件範囲を作成しておく必要があります。
ここでは、表の上部に行を挿入後、表の列見出しをコピーして、検索条件範囲を作成しましょう。

1. ブック「ランチ週間売上実績.xlsx」を開きます。
2. 行番号2～6を範囲選択します。
3. 選択範囲内を右クリックし、ショートカットメニューの[挿入]をクリックします。
   指定した位置に新しい行が挿入されます。
4. セルB8～G8を範囲選択し、[ホーム]タブの [コピー]ボタンをクリックします。
5. セルB3をクリックし、[貼り付け]ボタンをクリックします。セルB3～G3に検索条件範囲の見出しがコピーされます。

検索条件範囲の作成

検索条件範囲には表と同名の列見出しを設定する必要があり、列見出しが1文字でも異なっていると、正しい結果になりません。列見出しのセル範囲をコピーする操作は、確実かつ簡単に検索条件範囲を作成できます。文字が同じであれば、書式は同じでなくてもかまいません。

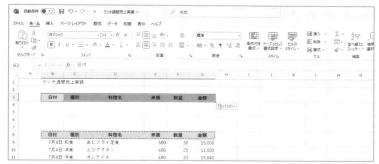

> **活用**
>
> 検索条件範囲を作成するときは、次の点に注意します。
> ・検索条件範囲は、表より上の行に作成します。
> ・検索条件範囲の列見出しは、抽出条件を指定する列に合わせて作成し、表と同名の列見出しを付けます。条件を指定しない列の列見出しは、省略してもかまいません。
> ・検索条件範囲と表を区別するため、検索条件範囲に入力した値と表との間には、1行以上の空白行が必要です。

●抽出条件の指定方法

フィルターオプション機能では、検索条件範囲のセルに値を入力して、抽出条件を指定します。同じ行に入力するとAND条件、別の行に入力するとOR条件になります。指定する条件次第で、いろいろな抽出結果を表示できます。

日付について

サンプルファイルの日付は、制作時の「2024年」の日付になっています。2024年以降で操作をする場合は注意しましょう。

複数のAND条件の指定

1つの列に複数のAND条件を指定するには、同じ列見出しを必要な数だけ作成します。次の画面では、金額が「10,000円以上」、「20,000円以下」のデータを抽出できます。

設定例1：AND条件

日付が「7月4日」、種別が「洋食」、数量が「30個以上」のすべての条件を満たすデータを抽出する

設定例2：OR条件

日付が「7月4日」、料理名が「冷やし中華」、数量が「45個以上」のいずれか1つの条件を満たすデータを抽出する

設定例3：AND条件とOR条件の組み合わせ

種別が「中華」で金額が「20,000円以上」、種別が「洋食」で数量が「40個以上」のいずれかのデータを抽出する

●データの抽出

ここでは、「カレーうどん」、「天ぷらそば」、「チャーハン」について数量が35以上のデータを抽出してみましょう。

1. 次の画面を参考に、検索条件範囲に抽出条件を入力します。＞や＝などはすべて半角で入力します。

2. 表内をクリックし、[データ]タブの[詳細設定][詳細設定]ボタンをクリックします。
3. [フィルターオプションの設定]ダイアログボックスが表示され、表の周囲（データを抽出する範囲）に点滅する点線が表示されます。
4. [抽出先]の[選択範囲内]が選択されていることを確認します。

5. [リスト範囲]ボックスに表示されているセル範囲が正しいことを確認します。

検索条件範囲の指定
検索条件範囲は、空白行を含まないように指定します。空白行を含むと、正しい抽出結果が表示されません。

重複データの省略
[重複するレコードは無視する]チェックボックスをオンにすると、抽出したデータに同じ内容のものがあった場合、そのうちの1件だけが表示されます。

データの再抽出
抽出後、データを再抽出する場合、非表示の行を含めて、すべての行が検索対象になります。抽出条件を入力したセル範囲を変更した場合は、[検索条件範囲]ボックスにセル範囲を指定し直します。

抽出結果の解除
抽出結果を解除するには、[データ]タブの[クリア]ボタンをクリックします。

6. [検索条件範囲]ボックスをクリックし、セルB3～G6を範囲選択します。[検索条件範囲]ボックス内に、指定したセル範囲が表示されます。

7. [OK]をクリックします。

8. 条件に合ったデータだけが表示されます。

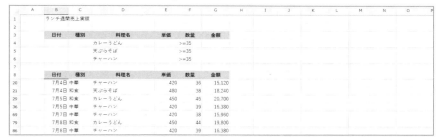

9. 変更したブックを「ランチ週間売上実績変更」という名前で、[保存用]フォルダーに保存します。

活用

データを抽出する表はそのままで、シートの別の場所に抽出結果を表示することができます。[フィルターオプションの設定]ダイアログボックスの[抽出先]の[指定した範囲]を選択し、[抽出範囲]ボックスに抽出先のセルを指定します。このセルを左上隅として、抽出結果が表示されます。

135

練習問題

❶入力内容を参考にデータを入力し、データの配置を整えましょう。
・B列とD列の列幅は自動調整する
・「金額」に「3桁区切り」を設定する

入力内容

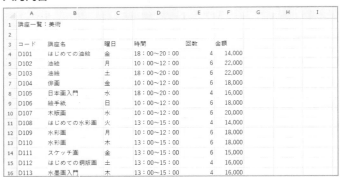

❷表（セルA3～F16）をテーブルに変換しましょう。
❸[オレンジ、テーブルスタイル（中間）3]を設定して、テーブル全体の書式を変更しましょう。
❹テーブルスタイルの設定を変更して、テーブルの模様を縦縞に変更しましょう。
❺テーブルの右端の列のデータが強調して表示されるようにしましょう。
❻テーブルに集計行を追加して、「講座名」の最終行にデータの件数を表示しましょう。なお、「金額」の列の合計の値は非表示にします。
❼オートフィルターを使って、「回数」が「6回」のデータを抽出しましょう。
❽❼で抽出したデータを、「金額」が18,000以下の条件でさらに絞り込みましょう。
❾「E-L09-01」という名前で、［保存用］フォルダーに保存しましょう。

❶問題9-1で作成したブックを、「E-L09-02」という名前で［保存用］フォルダーに保存しましょう。
❷複数の列の抽出結果をまとめて解除し、テーブルの集計行を削除しましょう。
❸テーブルの最終行に、次のデータを追加しましょう。
　　D114、人物画、火、13：00～15：00、6、12,000
❹オートフィルターを使って、「講座名」が「画」で終わり、「金額」が14,000以上16,000以下のデータを抽出しましょう。
❺ブックを上書き保存しましょう。

❶ブック「紅茶月間売上実績.xlsx」を開きましょう。
❷入力内容を参考に、フィルターオプションの検索条件範囲を作成しましょう。

入力内容

❸フィルターオプションを使って、6月20日（2024/6/20）以降について、「ダージリン缶入り」、「アッサム缶入り」、「セイロン缶入り」の数量が15以上18以下のデータを抽出しましょう。必要に応じて、検索条件範囲の列見出しは変更します。
❹「E-L09-03」という名前で、［保存用］フォルダーに保存しましょう。

Lesson 10 条件を指定した集計・分析

データの集計、分析では、「地区が東京」、「売上が1000以上」など、条件に合うデータだけを調べることがあります。このような場合は、条件を指定して、データの個数や数値の合計を求める関数を使うと便利です。また、条件付き書式を設定すると、数値の大小関係をセルの色や記号などで差別化したり、比較化して、視覚的に表現できます。ここでは、条件を指定したデータの集計や分析に役立つ機能や関数を学習します。

キーワード

- □□COUNTIF関数
- □□SUMIF関数
- □□AVERAGEIF関数
- □□データベース関数
- □□条件付き書式
- □□セルの強調表示 ルール
- □□上位／下位ルール
- □□データバー
- □□カラースケール
- □□アイコンセット
- □□新しい条件付き書式 ルール

このレッスンのポイント

▶ 条件に合うデータの個数を求める

▶ 条件に合うデータの合計を求める

▶ 条件に合うセルに書式を設定する

▶ 数値の大小をデータバーで表す

▶ 新しい条件付き書式ルールを作成する

完成例（ファイル名：支店別売上推移.xlsx）

No	支店名	地区	第1四半期	第2四半期	第3四半期	第4四半期	売上高		地区	支店数	合計
1	銀座	関東	100	112	76	79	367		関東	3	930
2	横浜	関東	75	100	65	62	302		関西	2	559
3	ハワイ	海外	66	54	55	50	225		海外	5	1201
4	神戸	関西	62	60	75	63	260				
5	パリ	海外	45	59	43	52	199				
6	ニューヨーク	海外	102	125	114	86	427				
7	京都	関西	77	80	70	72	299				
8	ロンドン	海外	35	42	50	55	182				
9	鎌倉	関東	64	58	73	66	261				
10	ソウル	海外	30	35	48	55	168				

支店別売上推移

条件に合うデータの個数を求める

データの個数を求めるときはCOUNT関数を使いますが、条件を指定してデータの個数を求めたいときは「COUNTIF関数」を使います。第1引数(「範囲」)にはデータの個数を調べるセル範囲、第2引数(「検索条件」)には条件とする値を指定します。

> **COUNTIF関数の書式**　　=COUNTIF(*範囲,検索条件*)

●表の作成
ここでは、売上表を作成します。最後にブックを保存しましょう。

1. 次の画面を参考に、表を作成します。
- セルA3～H3、J3～L3の項目名は、太字、中央揃えを設定する
- 「売上高」はSUM関数を使って求める
- B列の列幅を「13.00」、D～H列、J～L列の列幅を「9.50」に変更する
- 画面を参考に、セル範囲に格子状の罫線を設定する

2. 作成したブックを「支店別売上推移」という名前で、[保存用]フォルダーに保存します。

●条件に合うデータの個数の算出
ここでは、COUNTIF関数を使って、地区ごと(「関東」、「関西」、「海外」)の支店数を求めましょう。

1. セルK4をクリックします。
2. [数式]タブの [その他の関数]ボタンをクリックし、[統計]をポイントして一覧から[COUNTIF]をクリックします。

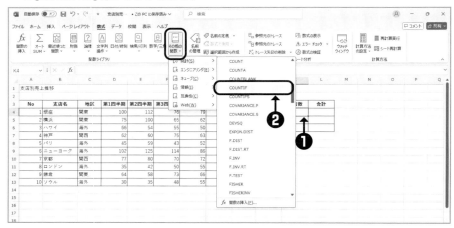

参照するセルの指定

「C4:C13」と入力する代わりに、参照するセルをドラッグして入力することもできます。

検索条件の指定

文字を検索条件にする場合は、「"」でその文字を囲みます。[関数の引数]ダイアログボックスで指定すると、自動的に「"」が追加されます。

数式の直接入力

関数の書式がわかっている場合は、直接「=COUNTIF(C4:C13,"関西")」と入力すると効率的です。

3. COUNTIF関数の[関数の引数]ダイアログボックスの[範囲]ボックスに「C4:C13」、[検索条件]ボックスに「関東」と入力します。

　※「"関東"」のように表示するには、[範囲]ボックス内をクリックするか、**Tab**キーを押します。

4. [数式の結果]に値が表示されていることを確認し、[OK]をクリックします。

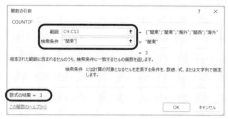

5. 地区が「関東」の支店数が表示されます。

6. 同様の操作で、検索条件を変更して、セルK5に「関西」、セルK6に「海外」のデータの個数を求める数式を入力します。

> **活用**
>
> 検索条件には、文字だけでなく、比較演算子も指定できます。文字を指定するのと同様、「">=300"」（300以上）や「"<10"」（10より小さい）のように半角の「"」で囲みます。
>
> また、条件とする値を入力したセルを指定することもできます。その場合、「"」は必要ありません。たとえば、下の画面のような数式を入力すると、「関東」の支店数を求める数式をコピーして、「関西」や「海外」のデータの個数を求めることができます。データを調べるセル範囲は、数式をコピーしても参照するセルが変わらないような絶対参照にするために、行番号と列番号の前に「$」を付けておきます。
>
> このように数式をコピーすれば、1つずつ数式を入力する手間が省けます。複数のセルに計算内容が同じ数式を入力する場合は、セル参照や「$」を使って、操作の効率化を図りましょう。
>
>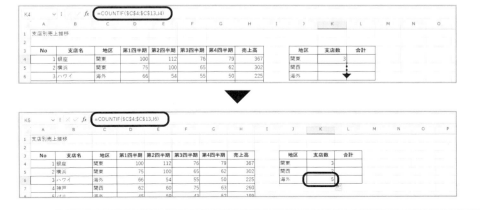

条件に合うデータの合計を求める

「地区が関東のデータだけを合計したい」というように、条件を指定して合計を求めたいときは「SUMIF関数」を使います。第1引数（「範囲」）には検索の対象のセル範囲、第2引数（「検索条件」）には条件とする値、第3引数（「合計範囲」）には計算対象のセル範囲を指定します。

| SUMIF関数の書式 | =SUMIF(*範囲,検索条件[,合計範囲]*) |

ここでは、SUMIF関数を使って、地区ごと（「関東」、「関西」、「海外」）の売上高の合計を求めてみましょう。引数の指定では、数式をコピーしても変更されないように、セル参照や絶対参照を利用しましょう。

1. セルL4をクリックします。
2. [数式]タブの [数学/三角]ボタンをクリックし、一覧をスクロールして[SUMIF]をクリックします。
3. SUMIF関数の[関数の引数]ダイアログボックスの[範囲]ボックスに「$C$4:$C$13」、[検索条件]ボックスに「J4」、[合計範囲]ボックスに「$H$4:$H$13」と入力します。
4. [数式の結果]に値が表示されていることを確認し、[OK]をクリックします。

合計範囲の指定
検索の対象のセル範囲と、計算対象のセル範囲が同じ場合は、第3引数の指定は省略できます。

最近使用した関数
同じ関数を続けて使用するときは、[数式]タブの [最近使った関数]ボタンを使用すると便利です。直近で使用した関数の一覧が表示されるのですぐに選択できます。

5. 地区が「関東」の売上高の合計が求められます。

スピル機能
手順3で[検索条件]ボックスに「J4:J6」と指定して**Enter**キーを押すと、スピル機能が働き、自動的にセルL5～L6にも結果が反映されます。

6. セルL4の数式をコピーして、セルL5に「関西」、セルL6に「海外」の売上高の合計を求める数式を入力します。

活用

条件に合うデータの平均を求めたいときは、「AVERAGEIF関数」を使います。引数の指定方法は、SUMIF関数と同じです。AVERAGEIF関数の[関数の引数]ダイアログボックスは、[数式]タブの [その他の関数]ボタンをクリックし、[統計]の一覧から表示できます。

活用

複雑な条件を指定して集計したいときは、「データベース関数」を利用しましょう。「"関東で第4四半期が70未満"または"関西で第4四半期が65未満"に該当する支店の"売上高"の合計を求める」というように、複数の条件を組み合わせて、該当するデータだけを集計することができます。

データベース関数を使うには、集計する値をデータベース形式の表にまとめます。また、条件を指定するためのセル範囲を別に用意して、フィルターオプション機能と同じルールで条件を入力します。

集計方法によってDSUM関数（合計）やDAVERAGE関数（平均）、DCOUNT（データの個数）などの種類がありますが、引数の指定方法はすべて同じです。第1引数（「データベース」）には表のセル範囲、第2引数（「フィールド」）には集計する列の列見出し、第3引数（「条件」）には条件を指定したセル範囲を指定します。

条件に合うセルに書式を設定する

「平均以上の数値をひとめでわかるようにしたい」、「今週のデータを強調したい」など、特定のデータを読み取りやすくしたい場合は、「条件付き書式」を設定しましょう。条件を満たすセルにだけ書式を適用して、そのデータを目立たせることができます。

●条件付き書式の設定

ここでは、条件付き書式を使って、「売上高」が300より大きいセルに黄色の書式を設定しましょう。

1. セルH4～H13を範囲選択します。
2. [ホーム]タブの [条件付き書式]ボタンをクリックし、一覧から[セルの強調表示ルール]の[指定の値より大きい]をクリックします。

セルの強調表示ルール

「～より大きい」、「～に等しい」、「～から～の間」といった条件を指定するときは、[セルの強調表示ルール]を使用します。

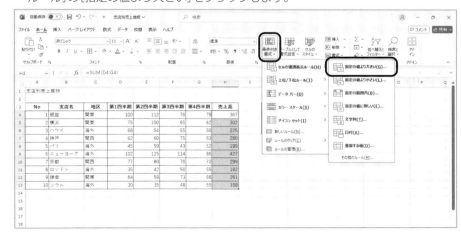

リアルタイムプレビュー
ダイアログボックスで書式を一覧から選択すると、リアルタイムプレビュー機能により、確定する前に条件に合うセルに書式を適用した状態を確認できます。

セルに適用する書式
条件を満たすセルに独自の書式を適用するには、[書式]ボックスの一覧から[ユーザー設定の書式]を選択し、表示された[セルの書式設定]ダイアログボックスで指定します。

3. [指定の値より大きい]ダイアログボックスの左のボックスに「300」と入力します。
4. [書式]ボックスの▼をクリックし、一覧から[濃い黄色の文字、黄色の背景]をクリックします。
5. [OK]をクリックします。条件を満たすセルに書式が適用されます。

活用

同じセルに複数の条件付き書式を設定すると、後から追加したルールが優先されます。たとえば「300より大きい」という条件のあとに、「200より大きい」という条件を指定すると、「300より大きい」という条件の書式は確認できなくなります。
このような場合は、ルールの優先順位を入れ替えます。条件付き書式を設定しているセルを範囲選択し、[ホーム]タブの[条件付き書式]ボタンをクリックして一覧から[ルールの管理]を選択します。[条件付き書式ルールの管理]ダイアログボックスでルールを選択して、[上へ移動]や[下へ移動]の各ボタンをクリックして、優先するルールを上から順番に並べます。

活用

シート内に設定されているすべての条件付き書式を削除するには、[ホーム]タブの[条件付き書式]ボタンをクリックし、一覧から[ルールのクリア]の[シート全体からルールをクリア]を選択します。特定のセル範囲の条件付き書式だけ削除したいときは、目的のセルを範囲選択してから、[選択したセルからルールをクリア]を実行します。
また、設定しているルールごとに削除することもできます。[条件付き書式ルールの管理]ダイアログボックスで目的のルールを選択して、[ルールの削除]ボタンをクリックします。

活用

データが入力されたセル範囲を選択すると[クイック分析]ボタンが表示されます。条件付き書式は、その一覧の[書式設定]からも選択できます。ただし、設定できる項目は選択したデータによって異なります。

●セルの強調表示ルールの種類

条件付き書式の「セルの強調表示ルール」では、次のルールを指定できます。

ルール	目的
指定の値より大きい	数値を指定して、その値より大きい値のセルに書式を適用する
指定の値より小さい	数値を指定して、その値より小さい値のセルに書式を適用する
指定の範囲内	数値を2つ指定して、その範囲内にある値のセルに書式を適用する
指定の値に等しい	数値を指定して、その値と同じ値のセルに書式を適用する
文字列	文字列を指定して、その文字列を含むセルに書式を適用する
日付	［昨日］や［過去7日間］など、あらかじめ用意されている項目から基準となる日付または期間を指定して、その日付または期間に該当する値のセルに書式を適用する
重複する値	［重複］または［一意］を選択して、特定のセル範囲内で指定した条件を満たすセルに書式を適用する

ルールの選択
選択するルールによって、表示されるダイアログボックスは異なります。

独自のルールの設定
「セルの強調表示ルール」に用意されていない条件を指定するには、独自のルールを設定します。

一意の指定
［一意］を選択すると、重複していないセルに書式を適用します。

> **活用**
>
> 条件付き書式の「上位／下位ルール」を使用すると、「上位5位以内」や「下位20％以内」といった条件を指定できます。上位、下位の条件を％で指定するときは、［上位10％］または［下位10％］を選択します。また、［平均より上］または［平均より下］を選択すると、範囲選択したセル内で「平均より大きい」または「平均より小さい」が自動的に判定され、該当するセルに書式が適用されます。

数値の大小をデータバーで表す

集計表から数値の差や変化を読み取るのは、容易なことではありません。条件付き書式の「データバー」、「カラースケール」、「アイコンセット」を利用すると、数値の大小を視覚的に表現できます。

種類	表示方法
データバー	指定したセル範囲内の数値の大小をバーの長さで表す
カラースケール	指定したセル範囲内の数値の大小を色の濃さや配色で表す
アイコンセット	指定したセル範囲内の数値の大小を3〜5のグループに分類して、データの傾向をアイコンの形や色で表す

ここでは、第1〜第4四半期の数値のセルに緑のデータバーを表示してみましょう。

1. セルD4〜G13を範囲選択します。
2. ［ホーム］タブの［条件付き書式］ボタンをクリックし、一覧から［データバー］をポイントして［塗りつぶし（グラデーション）］の［緑のデータバー］をクリックします。
3. 指定したセル範囲に緑のデータバーが表示されます。

データバーの一覧
一覧で色をポイントすると、リアルタイムプレビュー機能により、指定した色のデータバーが適用された状態を確認できます。

データバーの削除
データバーの削除方法は、条件付き書式の他のルールと同様です。

数値の評価
範囲選択したセルの数値の大小は、自動的に評価されます。独自の基準のデータバーを設定したいときは、［その他のルール］を選択して新しいルールを作成します。

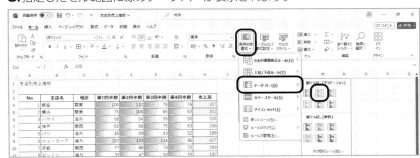

活用

[セルの強調表示ルール]を含めて、データバーやカラースケール、アイコンセットなどの条件付き書式は、同じセルに重ねて設定できます。しかし、多用すると複雑になり、わかりにくい表になってしまいます。注目させたいポイントに絞って、効果的に利用しましょう。色や記号など、書式の組み合わせにも注意しましょう。

新しい条件付き書式ルールを作成する

用意されている条件付き書式をそのまま利用するだけでなく、「新しい条件付き書式ルール」を作成することもできます。目的に合ったルールがない場合は、独自のルールの条件付き書式を作成しましょう。
ここでは「売上高」が200以下のセルに薄いオレンジ色を設定する、条件付き書式を作成します。

1. セルH4～H13を範囲選択します。
2. [ホーム]タブの [条件付き書式]ボタンをクリックし、一覧から[新しいルール]をクリックします。
3. [新しい書式ルール]ダイアログボックスの[ルールの種類を選択してください]から[指定の値を含むセルだけを書式設定]をクリックします。
4. [次のセルのみを書式設定]の左のボックスに[セルの値]と表示されていることを確認します。
5. 中央のボックスの▼をクリックし、一覧から[次の値以下]をクリックします。
6. 右のボックスに「200」と入力します。
7. [書式]をクリックします。
8. [セルの書式設定]ダイアログボックスの[塗りつぶし]タブで[背景色]の薄いオレンジ色(上から3番目、左から6番目)をクリックして、[OK]をクリックします。
9. [新しい書式ルール]ダイアログボックスの[OK]をクリックします。

ルールの内容の設定

[ルールの種類を選択してください]で選択したルールによって、下部に表示される設定項目が切り替わります。選択したルールに合わせて、ルールの内容を設定します。

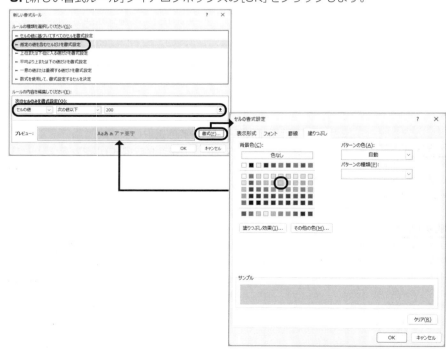

書式の指定

[セルの書式設定]ダイアログボックスでは、条件に合ったセルに適用する書式を指定します。文字に色を付けたいときは、[フォント]タブで色を選択します。

10. 条件を満たすセルに書式が適用されます。

11. 🖫 [上書き保存]ボタンをクリックして、ブックを上書き保存します。

活用

新しいルールの作成後、ルールを変更するには、次の操作を行います。

1. ルールを変更したい条件付き書式を設定したセルを範囲選択します。
2. [ホーム]タブの [条件付き書式]ボタンをクリックし、一覧から[ルールの管理]をクリックします。
3. [条件付き書式ルールの管理]ダイアログボックスで目的のルールを選択します。
4. [ルールの編集]ボタンをクリックします。
5. [書式ルールの編集]ダイアログボックスでルールを変更します。

活用

データバーやカラースケール、アイコンセットの新しいルールも作成できます。[新しい書式ルール]ダイアログボックスの[ルールの種類を選択してください]から[セルの値に基づいてすべてのセルを書式設定]を選択し、[書式スタイル]の一覧でデータバーなどの種類を指定します。[書式スタイル]で選択した機能に合った設定項目が表示されるので、ルールの内容を設定します。

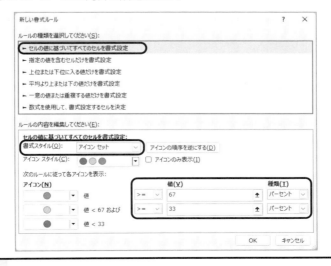

練習問題

1 入力内容を参考にデータを入力し、データの配置を整えましょう。
　・A列の列幅は自動調整する
　・セルA3～G3とセルI3～K3は、文字をセルの中央に配置し、罫線を設定する

入力内容

	A	B	C	D	E	F	G	H	I	J	K
1	受講者数一覧										
2											
3	講座名	コース	駅前校	城南校	松ヶ丘校	船場校	合計		コース	講座数	合計人数
4	ウクレレ	音楽	18	20	17	15			音楽		
5	オカリナ	音楽	10	12	15	8			手工芸		
6	ギター	音楽	8	10	9	14			舞踏		
7	木彫り	手工芸	17	15	8	13					
8	クラシックバレエ	舞踏	16	22	19	18					
9	ゴスペル	音楽	20	16	18	17					
10	シャンソン	音楽	6	17	12	11					
11	ステンドグラス	手工芸	7	8	5	11					
12	タップダンス	舞踏	13	18	16	15					
13	童謡・愛唱歌	音楽	8	10	11	13					
14	トールペイント	手工芸	7	9	10	12					
15	とんぼ玉	手工芸	8	13	11	14					
16	パッチワーク	手工芸	6	9	10	8					
17	ビーズステッチ	手工芸	14	10	7	16					
18	フラダンス	舞踏	18	22	14	20					
19	フラメンコ	舞踏	17	17	15	18					
20	レザークラフト	手工芸	9	12	13	11					
21											

2 SUM関数を使って、「合計」を求めましょう。

3 COUNTIF関数を使って、セルI4～I6の値からコースごとの講座数を「講座数」に求めましょう。

4 SUMIF関数を使って、セルI4～I6の値からコースごとの人数の合計を「合計人数」に求めましょう。

5 条件付き書式を使って、「合計」が40より小さいセルに、「濃い黄色の文字、黄色の背景」の書式を設定しましょう。

6 条件付き書式を使って、「合計」が上位5位のセルに、「濃い緑の文字、緑の背景」の書式を設定しましょう。

7 セルC4～F20に「塗りつぶし（単色）」の「青のデータバー」を設定しましょう。

8 「E-L10-01」という名前で、[保存用]フォルダーに保存しましょう。

1 入力内容を参考にデータを入力し、表を作成しましょう。
- B列とD～G列の列幅は自動調整する
- セルA3～H3は、文字をセルの中央に配置する
- 項目名のセルは、背景色に「テーマの色」の「白、背景1、黒＋基本色15％」を設定する
- 数値データに「3桁区切り」を設定する
- 表に格子状の罫線を設定する

入力内容

	A	B	C	D	E	F	G	H
1	店舗別年間売上							
2								
3	店舗No	店舗名	エリア	第1四半期	第2四半期	第3四半期	第4四半期	合計
4	1	堀川店	中央区	1,354	1,548	1,402	1,348	
5	2	松下店	中央区	976	990	1,222	1,240	
6	3	ふじみ野店	西区	842	921	1,008	978	
7	4	円城店	東区	1,365	1,228	1,452	1,007	
8	5	ときわ台店	東区	854	965	992	801	
9	6	並木店	中央区	1,054	1,012	1,117	1,347	
10	7	瀬戸南店	西区	1,554	1,445	1,321	1,247	
11	8	鳴海店	東区	1,145	1,104	1,009	978	
12	9	旭ヶ丘店	中央区	875	866	990	1,164	
13	10	与謝野店	西区	1,238	1,024	1,007	1,147	
14	11	佐野店	中央区	1,251	1,267	1,325	1,157	
15	12	桜木町店	西区	1,145	1,004	927	1,258	
16	13	立川店	中央区	1,009	954	984	875	
17	14	辻堂店	東区	912	900	778	1,042	
18								

2 SUM関数を使って、「合計」を求めましょう。

3 「合計」のセルに、「4つの評価」のアイコンセットを設定しましょう。

4 条件付き書式を使って、「合計」が平均より上のセルに、「濃い緑の文字、緑の背景」の書式を設定しましょう。

5 新しい条件付き書式を作成して、セルD4～G17の900以下のセルに黄緑を設定しましょう。

6 セルK3～K6に上から「●エリア別平均」、「中央区」、「東区」、「西区」と入力し、AVERAGEIF関数を使って、セルK4～K6の値からエリアごとの「合計」の平均をセルL4～L6に求めましょう。

7 セルK8～K10に上から「●売上分析（店舗数）」、「4,000未満」、「5,000以上」と入力し、COUNTIF関数を使って、次のセルに条件を満たす店舗数を求めましょう。
- セルL9：「合計」が4,000未満の店舗数
- セルL10：「合計」が5,000以上の店舗数

8 「E-L10-02」という名前で、[保存用]フォルダーに保存しましょう。

Lesson 11 ワークシート間の集計

ワークシート（シート）に入力しているデータは、異なるシート間でもセルの値を参照したり、集計したりすることができます。また、支店ごとや月ごとなどでシートを分けたいときは、シートそのものをコピーすると、同じレイアウトのシートを手早く作成でき、その後の集計作業も簡単です。ここでは、複数のシートを連携して使用する操作について学習します。

キーワード
- □□シートのコピー
- □□シートの移動
- □□シート見出しの色
- □□シートのグループ化
- □□グループ
- □□別のシートの
　セル参照
- □□3-D集計
- □□表の統合

このレッスンのポイント

▶ シートをコピーする
▶ 複数のシートを同時に編集する
▶ 別のシートのデータを利用する
▶ 複数のシート間で合計を求める
▶ データの並び方や位置が異なる表を集計する

完成例（ファイル名：体験クラス参加者数.xlsx）

（ファイル名：表の統合練習変更.xlsx）

シートをコピーする

支店ごとや月ごとなど、データを複数のシートに分けて管理するときは、シートのレイアウトを揃えておきましょう。あとからデータを集計したり、表を編集したりするとき、効率よく操作できます。
同じレイアウトのシートを作成するときは、「シートのコピー」を利用すると簡単です。

●表の作成
ここでは、シート「Sheet1」と「Sheet2」にそれぞれ表を作成し、シート名を変更します。最後にブックを保存しましょう。

1. 次の画面を参考に、シート「Sheet1」に表を作成します。
・A列の列幅を「14.00」に変更する
・セルA3～E3の背景色に「テーマの色」の「緑、アクセント6、白＋基本色60％」を設定し、文字をセルの中央に配置する
・画面を参考に、セル範囲に格子状の罫線を設定する
・セルE4～E9には、SUM関数を使って合計を求める数式を入力しておく

	A	B	C	D	E	F	G
1	体験クラス参加者数						
2							
3	コース	4月	5月	6月			
4	英会話				0		
5	トラベル英会話				0		
6	中国語				0		
7	フランス語				0		
8	イタリア語				0		
9	スペイン語				0		

2. 次の画面を参考に、シート「Sheet2」に表を作成します。
・新しいシートを追加する
・A列の列幅を「14.00」に変更する
・セルA3～D3の背景色に「テーマの色」の「オレンジ、アクセント2、白＋基本色60％」を設定し、文字をセルの中央に配置する
・画面を参考に、セル範囲に格子状の罫線を設定する

	A	B	C	D	E	F	G
1	学校別体験クラス参加者数						
2							
3	コース	本校	駅前校	寺町校			
4	英会話						
5	トラベル英会話						
6	中国語						
7	フランス語						
8	イタリア語						
9	スペイン語						

3. シート「Sheet1」を「3校合計」、シート「Sheet2」を「学校別集計」という名前に変更します。

4. 作成したブックを「体験クラス参加者数」という名前で、[保存用]フォルダーに保存します。

合計の入力
セルE3は、この後のグループ化の学習で「合計」と入力するため、ここでは空白のままにしておきます。

シート数
初期設定で表示されるシートの数は1枚です。追加するには、シート見出しの[+][新しいシート]をクリックして追加します。

シートの移動
Ctrlキーをキー押さずにシート見出しをドラッグしてボタンを離すと、指定した位置への「シートの移動」になるので注意しましょう。

シートの非表示
シートを非表示にするには、非表示にしたいシート見出しを右クリックし、ショートカットメニューの[非表示]をクリックします。元に戻すには、同様にショートカットメニューの[再表示]をクリックします。

シート見出しの色
シート見出しに色を設定することができます。シート見出しを右クリックし、ショートカットメニューから[シート見出しの色]をポイントして、一覧から目的の色を選択します。

●シートのコピー

ここでは、シート「3校合計」をコピーして、シート「本校」、「駅前校」、「寺町校」を作成しましょう。

1. シート「3校合計」のシート見出しをクリックします。
2. **Ctrl**キーを押しながらドラッグすると、マウスポインターの形が に変わります。そのまま右方向にドラッグします。
3. シート「学校別集計」の後に▼が表示されたら、マウスのボタンを離し、その後**Ctrl**キーを離します。シート「学校別集計」の右側に、コピーされたシート「3校合計 (2)」が表示されます。

4. シート「3校合計 (2)」を「本校」という名前に変更します。
5. 次の画面を参考にセルA1のタイトルを変更し、セルB4～D9に数値を入力します。数値を入力すると、セルE4～E9には合計が求められます。

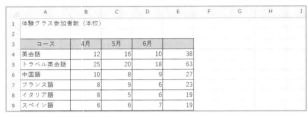

6. 同様の操作で、シート「本校」の右に「駅前校」、「寺町校」という2枚のシートを順に作成し、各シートのセルA1のタイトルを変更し、セルB4～D9に数値を入力します。

シート「駅前校」　　　　　　　　　　シート「寺町校」

活用

別のブックにシートをコピーするには、あらかじめコピー元、コピー先のブックを開いて、次のように操作します。別のブックにシートを移動したいときは、下の手順5の[コピーを作成する]チェックボックスをオフのまま、[OK]をクリックします。

1. 移動するシートのシート見出しを右クリックします。
2. ショートカットメニューの[移動またはコピー]をクリックして、[移動またはコピー]ダイアログボックスを表示します。
3. [移動先ブック名]ボックスの▼をクリックし、一覧から移動先のブックを選択します。新しいブックを作成して移動する場合は、[(新しいブック)]を選択します。
4. [挿入先]ボックスからコピーしたい位置の直後にあるシートを選択します。
5. [コピーを作成する]チェックボックスをオンにします。
6. [OK]をクリックします。

複数のシートを同時に編集する

ブック内の複数のシートに対して同じ機能を実行する場合は、「シートのグループ化」を利用しましょう。一度操作するだけで、グループ化したすべてのシートに操作が実行されます。
ここでは「3校合計」、「本校」、「駅前校」、「寺町校」の4枚のシートをグループ化して、各シートのタイトルに斜体を設定し、セルE3に「合計」と入力します。

1. シート見出しの「本校」をクリックし、**Shift**キーを押しながらシート見出しの「寺町校」をクリックします。「本校」、「駅前校」、「寺町校」のシート見出しが選択され、3枚のシートがグループ化されます。

2. **Ctrl**キーを押しながら、シート見出しの「3校合計」をクリックします。「3校合計」のシート見出しも選択され、4枚のシートがグループ化されます。

3. セルA1をクリックし、[ホーム]タブの[*I*][斜体]ボタンをクリックします。
4. セルE3に「合計」と入力し、[ホーム]タブの[≡][中央揃え]ボタンをクリックします。

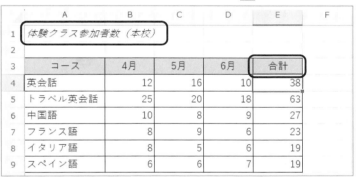

5. グループ化を解除するため、シート見出しの「学校別集計」をクリックします。シート見出しの選択が解除され、グループ化も解除されます。
6. シートを切り替えて、グループ化していたすべてのシートに操作が反映されていることを確認します。

シートの選択

グループ化するシートの選択には、**Shift**キーや**Ctrl**キーを使用します。
・**Shift**キーを使う
最初に選択していたシートと、**Shift**キーを押しながらクリックしたシートまでのすべてのシートが選択される
・**Ctrl**キーを使う
Ctrlキーを押しながらクリックすると、離れた位置にあるシートを個別に選択できる

すべてのシートの選択

シート見出しを右クリックし、ショートカットメニューの[すべてのシートを選択]をクリックすると、ブック内のすべてのシートをまとめて選択できます。

シートのグループ化

シートをグループ化すると、タイトルバーに「グループ」と表示されます。

活用

グループ化を解除するには、グループ化していないシートのシート見出しをクリックします。ブック内のすべてのシートをグループ化している場合は、シートのシート見出しを右クリックし、ショートカットメニューの[シートのグループ解除]を選択します。グループ化を解除しないまま操作を続けると、その後も操作が複数のシートに実行されてしまいます。解除し忘れないように注意しましょう。
なお、シートをグループ化して印刷を実行すると、複数のシートをまとめて印刷できます。

別のシートのデータを利用する

支店ごとや月ごとなど、複数のシートに分けて管理しているデータを1つのシートにまとめたいときは、セル参照を利用しましょう。各シートに入力しているデータを修正すると、自動的に数式の値が更新されて、シート間で整合性を保つことができます。
「別のシートのセル参照」をするには、次のようにシート名とセル番地を組み合わせて指定します。

- 同じシートの場合　　　＝セル参照　　　　　　　（例）＝E4
- 異なるシートの場合　　＝シート名！セル参照　　（例）＝本校!E4

ここでは、セル参照を使った数式を入力して、シート「本校」、「駅前校」、「寺町校」の「合計」の値をシート「学校別集計」に表示しましょう。

1. シート「学校別集計」のセルB4に「＝」と入力します。

2. シート「本校」に切り替えて、セルE4をクリックします。数式バーに「＝本校!E4」と表示されます。

3. 数式バーの ✓ [入力]をクリックするか、**Enter**キーを押します。

4. シート「学校別集計」に切り替わり、セルB4に「＝本校!E4」という数式が入力されます。

5. セルB4の右下にあるフィルハンドルをポイントし、マウスポインターの形が＋に変わったらセルB9までドラッグします。セルB5〜B9に、シート「本校」のセルを参照する数式がそれぞれ入力されます。

6. 同様の操作で、シート「駅前校」の「合計」、「寺町校」の「合計」の値を参照する数式をセルC4〜D9に入力します。

数式の入力
手順1で、数式を入力するセルB4〜B9を範囲選択してから、「＝本校!E4」の数式を入力後、**Ctrl**+**Enter**キーで確定すると、まとめて入力することができます。

スピル機能
手順2で「＝本校!E4:E9」と指定して**Enter**キーを押すと、スピル機能によって自動的に他のセルにも結果が反映されます。

「$」の指定
別のシートのセルを参照する場合も、通常のセル参照と同様、絶対参照や複合参照を指定できます。

活用

複数のシートの内容を確認、編集するときは、画面内にシートを並べて表示すると便利です。同じブック内のシートを並べて表示するには、まず[表示]タブの[新しいウィンドウを開く][新しいウィンドウを開く]ボタンをクリックします。同じブックの2番目のウィンドウが表示されたら、[表示]タブの[整列][整列]ボタンをクリックします。表示された[ウィンドウの整列]ダイアログボックスで整列方法を指定して、ウィンドウを並べて表示すれば、複数のブックを開いているような感覚で1つのブックを操作できます。

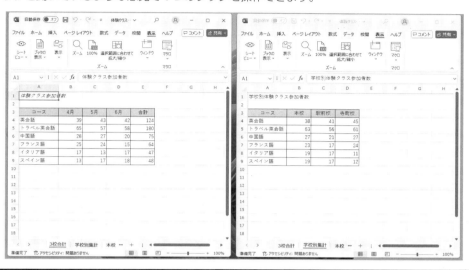

複数のシート間で合計を求める

複数のシート上の同じ位置に、同じ形式の表がある場合、[Σ▼][合計]ボタンを使って、複数のシートに入力されている数値の合計を求めることができます。この集計方法を「3-D集計」または串刺し集計といいます。

ここでは、シート「本校」、「駅前校」、「寺町校」の値を3-D集計して、シート「3校合計」に合計を求めましょう。

3-D 集計

3-D 集計するには、同じ位置に、項目の並び順、行数、列数など、表の形式が同一のものを作成しておく必要があります。作成する場合は、基になる表を作成し、そのシートをコピーして変更する方法が効率的です。

1. シート「3校合計」のセルB4をクリックします。
2. [ホーム]タブの[Σ▼][合計]ボタンをクリックします。
   「=SUM()」と表示されます。
3. シート見出し「本校」をクリックします。
   シート「本校」に切り替わり、数式バーに「=SUM(本校!)」と表示されます。

153

4. **Shift**キーを押しながら、シート見出し「寺町校」をクリックします。
シート「本校」から「寺町校」までのシートが選択されて、数式バーに「=SUM('本校:寺町校'!)」と表示されます。

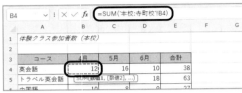

5. セルB4をクリックします。
数式バーに「=SUM('本校:寺町校'!B4)」と表示されます。

集計の対象
「'本校:寺町校'!B4」という引数を指定すると、シート「本校」からシート「寺町校」までのセルB4の値が集計対象になります。

合計以外の集計方法
合計以外にも、データの個数や平均などを求めることができます。手順2で[Σ▼][合計]ボタンの▼をクリックし、一覧から目的の集計方法を選択します。

6. [ホーム]タブの[Σ▼][合計]ボタンをクリックします。
シート「3校合計」に切り替わり、セルB4に「本校」、「駅前校」、「寺町校」のセルB4の合計が求められます。

7. 数式をコピーして表を完成させます。
セルB4の右下にあるフィルハンドルをポイントし、マウスポインターの形が+に変わったらセルB9までドラッグします。
続けて、セルB4～B9を範囲選択したまま、セルB9の右下にあるフィルハンドルをポイントし、セルD9までドラッグします。

8. 🖫[上書き保存]ボタンをクリックして、ブックを上書き保存します。

活用

上記の手順では、セルB4で3-D集計したあと、他のセルに数式をコピーしましたが、セル範囲に3-D集計の数式を一括して入力することもできます。手順1でセルB4～D9を範囲選択するだけで、以降の手順は同様です。その際、範囲選択したセル範囲の左上隅のセルをアクティブセルにするのがポイントです。他のセルをクリックすると正しい結果にならないので注意しましょう。また、手順6で数式を確定するときに**Enter**キーを押すと、1つのセルにしか数式が入力されません。[ホーム]タブの[Σ▼][合計]ボタンをクリックするか、または**Ctrl**+**Enter**キーを押して確定するようにしましょう。

データの並び方や位置が異なる表を集計する

3-D集計は、複数のシート上で表の位置や形式が同一のときに有効な機能です。しかし、表の位置や形式がいつも同じとは限りません。表の位置や項目数、項目の並び方が異なる場合は、「表の統合」機能を利用しましょう。

●統合するデータの確認
ここでは、ブック「表の統合練習.xlsx」を開いて、複数のシートに入力されているデータを確認しましょう。

1. ブック「表の統合練習.xlsx」を開きます。
2. シート「東山店」、「南海店」、「北島店」を切り替えて、各シートに入力されているデータを確認します。

シート「集計」
シート「集計」は、他のシートのデータを統合した結果を表示するためのシートです。そのため、データは入力されていません。

シート「東山店」

	A	B	C	D	E	F
1						
2		東山店年間集計				
3						
4		カテゴリ	前期	後期	合計	
5		ゴルフ	23,435	24,322	47,757	
6		野球	15,842	14,245	30,087	
7		サッカー	8,432	79,832	88,264	
8		テニス	6,221	88,223	94,444	
9		フィッシング	13,464	10,354	23,818	
10						

シート「南海店」

	A	B	C	D	E	F
1	南海店年間集計					
2						
3	カテゴリ	前期	後期	合計		
4	ゴルフ	18,546	20,432	38,978		
5	テニス	4,884	6,345	11,229		
6	野球	7,711	6,842	14,553		
7	サッカー	5,670	5,897	11,567		
8	マリンスポーツ	4,215	3,982	8,197		
9	アウトドア	4,561	4,458	9,019		
10	フィッシング	6,811	6,001	12,812		
11						

シート「北島店」

	A	B	C	D	E
1		北島店年間集計			
2					
3		カテゴリ	前期	後期	合計
4		ゴルフ	22,001	19,321	41,322
5		野球	5,852	6,682	12,534
6		サッカー	3,568	5,712	9,280
7		テニス	2,584	3,487	6,071
8		アウトドア	4,987	5,002	9,989
9		ウィンタースポーツ	5,587	6,872	12,459
10					

●データの統合
シート「東山店」、「南海店」、「北島店」に入力されている形式の異なる表を統合して、シート「集計」のセルB3を基準に合計を求めましょう。

集計方法の種類
集計の方法は、合計以外にも、個数や平均などを指定できます。

1. シート「集計」のセルB3をクリックします。
2. [データ]タブの [統合]ボタンをクリックします。
3. [統合の設定]ダイアログボックスで[集計の方法]ボックスに[合計]が表示されていることを確認します。

155

4. [統合元範囲]ボックスにカーソルが表示されていることを確認します。

5. シート「東山店」に切り替えて、セルB4～E9を範囲選択します。

6. [統合元範囲]ボックスに指定したセル範囲が表示されていることを確認し、[追加]をクリックします。[統合元]ボックスに、指定したセル範囲が表示されます。

[統合元]の取り消し

[統合元]ボックスに追加したセル範囲を削除したいときは、[統合元]ボックスの一覧で目的のセル範囲を選択し、[削除]をクリックします。

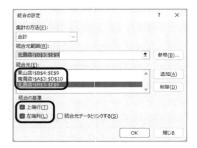

7. 手順5～6を繰り返して、シート「南海店」のセルA3～D10、シート「北島店」のセルB3～E9を[統合元]ボックスに追加します。

8. [統合の基準]の[上端行]、[左端列]の各チェックボックスをそれぞれオンにします。

9. [OK]をクリックします。

10. 3つの表が統合されて、合計が求められます。次を参考に、列幅を広げたり、書式を設定したりして、表の体裁を整えます。

11. 変更したブックを「表の統合練習変更」という名前で、[保存用]フォルダーに保存します。

活用

統合には、項目による統合と位置による統合があります。

・項目による統合

複数のシート上の表の項目の並び順や行数、列数が異なる場合は、項目によって統合します。項目名を含めて統合したいデータを範囲選択し、[統合の基準]のチェックボックスをオンにします。[上端行]チェックボックスは列見出し、[左端列]チェックボックスは行見出しを統合するときにオンにします。

・位置による統合

複数のシート上の表の形式が同じ場合も、表を統合できます。[統合の基準]の各チェックボックスをオフにして、位置によって統合します。たとえば、前述の「複数のシート間で合計を求める」で作成した同じ形式の表も統合機能で集計できます。

練習問題

問題 11-1

① 入力内容1を参考に、シート「Sheet1」にデータを入力して、表を作成しましょう。
- A列の列幅は自動調整する
- 表の項目と「合計」のセルは、背景色に「テーマの色」の「白、背景1、黒＋基本色15％」を設定する
- セルB4～E4のセルは、文字をセルの中央に配置し、太字にする
- 表に格子状の罫線を設定する

入力内容1

	A	B	C	D	E
1	作品再生回数	月次集計			
2					
3					
4		4月	5月	6月	合計
5	洋画				
6	邦画				
7	TVドラマ／番組				
8	スポーツ				
9	アニメ＆キッズ				
10	その他				

② 「合計」のセル（セルE5～E10）に、4月～6月の数値を合計するSUM関数をそれぞれ入力しましょう。

③ シート「Sheet1」を「月次集計」という名前に変更しましょう。

④ シート「月次集計」をコピーして「合計」というシートを作成し、左から「月次集計」、「合計」の順に並べましょう。

⑤ 入力内容2を参考に、シート「合計」にデータを入力しましょう。
- セルB1とB4～D4の文字を変更する
- セルC2～E2に以下のようにデータと格子状の罫線を追加する。項目のセルは、背景色に「テーマの色」の「白、背景1、黒＋基本色15％」を設定する

入力内容2

	A	B	C	D	E
1	作品再生回数	合計			
2			ログイン数		
3					
4		桜ヶ丘店	白銀店	城島店	合計
5	洋画				0
6	邦画				0
7	TVドラマ／番組				0
8	スポーツ				0
9	アニメ＆キッズ				0
10	その他				0

⑥ シート「合計」をコピーして「4月」、「5月」、「6月」というシートを作成し、左から「月次集計」、「合計」、「4月」、「5月」、「6月」の順に並べましょう。

⑦ 入力内容3を参考に、シート「4月」、「5月」、「6月」にそれぞれデータを入力しましょう。
- セルB1の値を変更する
- セルB5～D10、E2に数値を入力する

入力内容3

シート「4月」

	A	B	C	D	E
1	作品再生回数	4月			
2			ログイン数		8475
3					
4		桜ヶ丘店	白銀店	城島店	合計
5	洋画	2542	2874	3247	8663
6	邦画	1845	2201	2547	6593
7	TVドラマ／番組	1054	996	1345	3395
8	スポーツ	235	475	687	1397
9	アニメ＆キッズ	1354	1034	1100	3488
10	その他	845	647	906	2398

シート「5月」

	A	B	C	D	E
1	作品再生回数	5月			
2			ログイン数		9856
3					
4		桜ヶ丘店	白銀店	城島店	合計
5	洋画	2841	3075	2975	8891
6	邦画	1954	2245	2299	6498
7	TVドラマ／番組	1345	1006	1007	3358
8	スポーツ	684	587	845	2116
9	アニメ＆キッズ	1645	1354	1354	4353
10	その他	802	587	886	2275

シート「6月」

❽ セル参照の数式を使って、シート「4月」、「5月」、「6月」の「合計」の値をシート「月次集計」に表示しましょう。
❾ シート「4月」、「5月」、「6月」の「ログイン数」の値を3-D集計して、シート「合計」のセルE2に合計を求めましょう。
❿ シート「4月」、「5月」、「6月」のセルB5～D10の値を3-D集計して、シート「合計」の表内に合計を求めましょう。
⓫ すべてのシートをグループ化して、セルB5～E10に「3桁区切り」を設定しましょう。
⓬ シート「合計」、「4月」、「5月」、「6月」をグループ化して、次の書式を設定しましょう。
　・セルE2に「3桁区切り」を設定する
　・表の項目と「合計」、「ログイン数」のセルの背景色を「テーマの色」の「水色、アクセント4、白＋基本色80％」に変更する
⓭ 「E-L11-01」という名前で、[保存用]フォルダーに保存しましょう。

❶ ブック「7月売上.xlsx」を開きましょう。
❷ 入力内容を参考にシート「Sheet2」にデータを入力し、表を作成しましょう。
　・A列の列幅を自動調整する
　・店名と「合計」のセルは、文字をセルの中央に配置する
　・表の1行目のセルは、背景色に「テーマの色」の「プラム、アクセント5、白＋基本色80％」を設定し、罫線を設定する

入力内容

	A	B	C	D	E	F
1	8月					
2		丸の内店	白銀店	銀座店	合計	
3	マスカット	133	129	145		
4	ピオーネ	84	86	80		
5	白桃	148	167	174		
6	小玉スイカ	115	101	89		
7	マスクメロン	76	88	116		
8	幸水梨	69	76	86		

❸ SUM関数を使って、シート「Sheet2」の「合計」を求めましょう
❹ シート「Sheet1」を「7月」、シート「Sheet2」を「8月」、シート「Sheet3」を「7-9月集計」という名前にそれぞれ変更しましょう。
❺ シート「7-9月集計」を移動して、左から「7-9月集計」、「7月」、「8月」の順に並べましょう。
❻ ブック「9月売上.xlsx」を開きましょう。
❼ ブック「9月売上.xlsx」のシート「9月」を、ブック「7月売上.xlsx」にコピーしましょう。挿入先には、シート「8月」の後ろを指定します。
❽ シート「7月」、「8月」、「9月」に入力されている形式の異なる表を統合して、シート「7-9月集計」のセルA3を基準に合計を求めましょう。
❾ 統合したデータに、次の書式を設定しましょう。
　・A列の列幅を自動調整する
　・表の1行目のセルは、背景色に「テーマの色」の「緑、アクセント6、白＋基本色60％」を設定する
　・セルB3～E3のセルは、文字をセルの中央に配置し、太字にする
　・表に格子状の罫線を設定する
❿ 「E-L11-02」という名前で、[保存用]フォルダーに保存しましょう。

Lesson 12 集計作業の自動化

データベース形式の表は、数式を入力しなくても自動集計したり、ピボットテーブル機能でデータを集計・分析することができます。ピボットテーブルは、「日付別」、「商品別」など、いろいろな角度からデータを分析するのに便利な機能です。ここでは、自動集計機能やピボットテーブル、データのやり取りによく使われるテキストファイルについて学習します。

キーワード
- □□CSV形式のテキストファイル
- □□自動集計
- □□アウトライン機能
- □□ピボットテーブル
- □□ピボットテーブルのグループ化
- □□ピボットテーブルの集計
- □□ピボットグラフ

このレッスンのポイント

▶ テキストファイルを取り込む
▶ データを自動集計する
▶ ピボットテーブルを作成する
▶ ピボットテーブルのデータをグループ化する
▶ ピボットテーブルの集計方法を変更する

完成例（ファイル名：1月集計.xlsx／ピボットテーブル練習変更.xlsx）

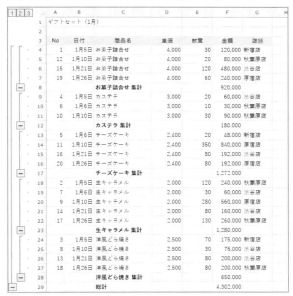

テキストファイルを取り込む

テキストファイルは、漢字やひらがな、数字など、文字データだけで構成されているファイルです。仕様の異なる機種や他のアプリケーションソフトとも、データを交換することができます。Excelとのやり取りでは、「CSV形式のテキストファイル」がよく使われます。

●CSV形式のテキストファイルとは
CSV形式とは、項目を「,」（半角のカンマ）で区切ったデータのことです。Excelでは、区切った項目ごとにセルに取り込むことができます。

```
ファイル    編集    表示

No,日付,商品名,単価,数量,金額,店舗
1,1月5日,お菓子詰合せ,4000,30,120000,新宿店
2,1月5日,生キャラメル,2000,120,240000,秋葉原店
3,1月5日,洋風どら焼き,2500,70,175000,新宿店
4,1月5日,カステラ,3000,20,60000,渋谷店
5,1月6日,チーズケーキ,2400,20,48000,新宿店
6,1月6日,カステラ,3000,10,30000,秋葉原店
7,1月6日,生キャラメル,2000,30,60000,渋谷店
8,1月10日,洋風どら焼き,2500,30,75000,渋谷店
9,1月10日,生キャラメル,2000,280,560000,原宿店
10,1月10日,カステラ,3000,30,90000,秋葉原店
11,1月10日,チーズケーキ,2400,350,840000,原宿店
12,1月10日,お菓子詰合せ,4000,20,80000,秋葉原店
13,1月21日,洋風どら焼き,2500,80,200000,渋谷店
14,1月21日,生キャラメル,2000,80,160000,渋谷店
```

テキストファイルには、「.csv」や「.txt」などの拡張子があります。拡張子はファイルの種類を識別するためのもので、ファイル名の後ろに付きます。たとえばExcel 2024の拡張子は「.xlsx」で、ファイルの保存時に「集計.xlsx」のように自動で設定されます。拡張子の表示、非表示を切り替えるには、Windowsの設定を変更します。

拡張子は、初期設定では非表示になっています。拡張子を表示するには、ファイルが保存されているフォルダーを開きます。Windows 11では ≡ 表示 ［表示］ボタンをクリックし、[表示]の［ファイル名拡張子］をクリックします。元に戻すには、再度、［ファイル名拡張子］をクリックします。

● CSVフォーマットのテキストファイルを開いて表を作成する

テキストファイルは、Excelから直接開くことができます。ここでは、CSV形式のテキストファイル「1月売上」を開きます。

1. [ファイル]タブをクリックし、[開く]をクリックします。
2. ファイルが保存されているフォルダーを指定します。
3. [ファイルを開く]ダイアログボックスが表示されたら、[すべてのExcelファイル]の▼をクリックし、[すべてのファイル]をクリックします。
4. 「1月売上」をクリックし、[開く]をクリックします。

データの更新
右の方法で取り込んだデータの場合は、取り込み元のデータの変更をExcel側のデータに反映させることができません。

ファイルを開く
ファイルをダブルクリックしても開くことができます。

情報バー
手順4の後に、「データ損失の可能性」の情報バーが表示された場合は、右側の×[このメッセージを閉じる]ボタンをクリックして情報バーを閉じるか、[名前を付けて保存]をクリックしてExcelブック形式で保存します。
次回から情報バーを表示しない場合は、[次回から表示しない]をクリックします。

CSV形式の保存
ブックをCSV形式のファイルとして保存できます。保存時の[名前を付けて保存]ダイアログボックスの[ファイルの種類]ボックスで[CSV UTF-8(コンマ区切り)]をクリックします。

5. CSV形式のテキストファイルが、Excelで表示されます。

6. 次の画面を参考に、表を作成します。
・1行目にタイトル「ギフトセット(1月)」を追加する
・A列の列幅を「5.00」、B列とD～G列の列幅を「9.00」、C列の列幅は「18.00」に変更する
・項目のセルは、背景色に「テーマの色」の「緑、アクセント6、白＋基本色80％」を設定する
・項目のセルを「中央揃え」にし、数値に「3桁区切り」を設定する

7. 作成したファイルを「1月集計」という名前で、Excelブックの形式で[保存用]フォルダーに保存します。

活用

標準のファイル形式ではないデータを取り込むことを「インポート」といいます。反対にその他のファイル形式で保存することをエクスポートといいます。この方法で取り込んだデータは、取り込み中にデータの形式を変更したり、取り込み元のデータが反映された場合、取り込んだExcelデータに反映することができます。
CSV形式のファイルを取り込むには、次の操作を行います。

1. [データ]タブの [テキストまたはCSVから] [テキストまたはCSVから]ボタンをクリックします。
2. [データの取り込み]ダイアログボックスが表示されたら、ファイルが保存されているフォルダーを指定します。
3. インポートするファイルを選択し、[インポート]をクリックします。
4. インポートするファイルのデータ内容を確認する画面が表示されます。

・元のファイル：取り込むファイルの言語を指定します。
・区切り記号：データの区切り方（タブ、コンマなど）を指定します。意図した区切り記号が表示されていない場合は、▼をクリックして一覧から選択できます。
・データ型検出：数値やテキストなどのデータ型の情報です。初期設定では、最初の200行に基づき自動的に検出されます。

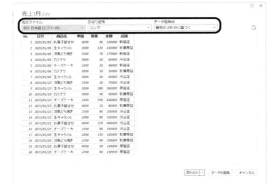

5. そのまま読み込む場合は、[読み込み]をクリックします。ここでは、No.が「001」のようになっていないので、データ型を変更するために[データの変換]をクリックします。

6. Power Queryエディターが起動されます。Power Queryは、Excelに外部データを取り込むときにデータを任意の形式に整形できる機能です。

7. データ型を変更するには、変更したい項目をクリックし、[ホーム]タブの[データ型の変更]ボタンをクリックして一覧から目的のデータ型（ここでは、[テキスト]）を選択します。データ型の変更を確認する画面が表示されたら、[現在のものを置換]をクリックして、[ホーム]タブの [閉じて読み込む]ボタンをクリックします。

8. 読み込んだデータはテーブルに変換され、テーブルとして操作できます。

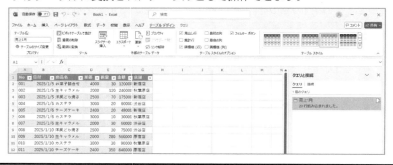

活用

従来にあったテキストファイルウィザードを使って取り込みたい場合は、次の操作を行います。

1. [ファイル]タブの[その他]の[オプション]をクリックします。
2. [Excelのオプション]ダイアログボックスで[データ]をクリックし、[テキストから(レガシ)]チェックボックスをオンにし、[OK]をクリックします。

3. [データ]タブの[データの取得]ボタンをクリックし、一覧から[従来のウィザード]の[テキストから(レガシ)]をクリックします。
4. [テキストファイルのインポート]ダイアログボックスでインポートするファイルを選択し、[インポート]をクリックします。
5. [テキストファイルウィザード]の1番目の画面で[コンマやタブなどの区切り文字によってフィールドごとに区切られたデータ]を選択していることを確認し、[次へ]をクリックします。
6. 2番目の画面で、[区切り文字]の[コンマ]チェックボックスをオンにします。[データのプレビュー]で項目の区切り位置が正しいことを確認して、[次へ]をクリックします。
7. 3番目の画面で、[完了]をクリックします。

8. [データの取り込み]ダイアログボックスで[既存のワークシート]が選択されていることを確認し、取り込み先を指定して[OK]をクリックします。指定した位置にデータが取り込まれます。

インポート操作で取り込んだデータは、インポート元のファイルの修正を反映することができます。反映するには、[データ]タブの[すべて更新]ボタンをクリックし、[テキストファイルのインポート]ダイアログボックスで、インポート元のファイルを選択し、[インポート]をクリックします。
※オプションの設定を変更した場合は、元に戻すまで設定が優先されます。必要ない場合は、手順2で[テキストから(レガシ)]チェックボックスをオフにします。

データを自動集計する

データベース形式の表は、「自動集計」機能を利用できます。自動集計するには、あらかじめ集計する項目（列）を基準に並べ替えておく必要があります。
ここでは、自動集計機能を使って、商品名ごとに金額の合計を求めましょう。

1. F列の「金額」のデータを消去して、「単価」と「数量」を乗算する数式を入力します。
2. 「商品名」の列内をクリックし、[データ]タブの[昇順]ボタンをクリックします。
3. 商品名ごとにデータがまとめられます。表内のセルが選択されていることを確認し、[データ]タブの[小計]ボタンをクリックします。

金額の数式
「金額」の列は数式に変更しなくても操作が可能です。ただし、単価や数量を変更しても金額は変更されないため、手順1で数式に変更する操作を追加しています。

行の選択
「金額」の数値データのみを素早く選択するには、データ内でセルを選択し、**Ctrl+Shift+↓**キーを押します。

4. [集計の設定]ダイアログボックスで集計する基準や集計方法などを設定します。
   ・[グループの基準]ボックスの▼をクリックし、一覧から[商品名]をクリックします。
   ・[集計の方法]ボックスの▼をクリックし、一覧から[合計]をクリックします。
   ・[集計するフィールド]ボックスの一覧の[金額]チェックボックスをオンにして、他のチェックボックスはオフにします。
   ・[現在の小計をすべて置き換える]チェックボックスがオンになっていることを確認します。
5. [OK]をクリックします。

[グループの基準]の指定
集計の基準の列を指定します。自動集計する表は、指定する列を基準にデータをまとめておく必要があります。

集計方法の種類
合計以外にも、平均やデータの個数、最大値、最小値などの集計方法を指定できます。

集計行をデータの上に挿入するには
[集計行をデータの下に挿入する]チェックボックスをオフにすると、基準としたデータの上に集計行が挿入されます。

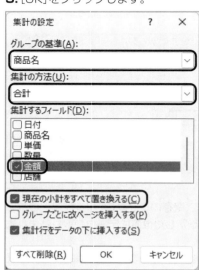

6. 集計結果が表示されます。商品ごとに集計行が挿入され、自動的にアウトラインが作成されます。

7. 🖫[上書き保存]ボタンをクリックして、ブックを上書き保存します。

活用

「アウトライン機能」とは、関連性のある行や列をグループ化する機能です。アウトライン記号をクリックして、グループ化したデータごとに表示、非表示を切り替えることができます。

- 1 2 3 をクリックすると、階層ごとに表示を切り替える
- + をクリックすると、隠れている詳細データが表示される
- − をクリックすると、詳細データが非表示になる

活用

「商品ごとの数量」や「金額の平均」などの集計結果を、集計行に追加できます。[集計の設定]ダイアログボックスで集計する基準や集計方法などを設定したあと、[現在の小計をすべて置き換える]チェックボックスをオフにして、[OK]をクリックします。このチェックボックスをオンのまま実行すると、設定している集計行が削除されて、新しい集計行に置き換わります。
また、すべての集計結果を削除して自動集計を解除したいときは、[すべて削除]をクリックします。

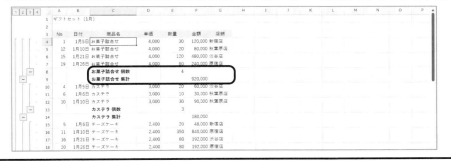

ピボットテーブルを作成する

多角的な視点でデータを分析したいときは、「ピボットテーブル」を利用しましょう。「日付別」、「商品別」など、いろいろな基準の集計表を素早く作成したり、作成後も表の構成や集計方法などを簡単に変更したりすることができます。

●ピボットテーブルの作成

ここではブック「ピボットテーブル練習.xlsx」を開いて、ピボットテーブルを作成しましょう。

1. ブック「ピボットテーブル練習.xlsx」を開きます。
2. 表内をクリックします。
3. [挿入]タブの[ピボットテーブル]ボタンをクリックします。[テーブルまたは範囲からのピボットテーブル]ダイアログボックスが表示されます。また、表の周囲に点滅する点線が表示されます。
4. [表または範囲の選択]の[テーブル/範囲]ボックスに表示されているセル範囲が正しいことを確認します。
5. 配置する場所として[新規ワークシート]が選択されていることを確認します。
6. [OK]をクリックします。新しいシートが挿入されて、空のピボットテーブルが作成されます。

集計するデータ
ピボットテーブルで集計するデータは、データベース形式の表にまとめておく必要があります。

ピボットテーブル作成時に表示されるタブ
ピボットテーブルを作成すると、自動的に[ピボットテーブル分析]タブと[デザイン]タブが表示されます。これらのタブは、ピボットテーブル内のセルを選択しているときだけ表示されます。

ピボットテーブルのフィールドリスト
[ピボットテーブルのフィールド]ウィンドウの上半分(レポートに追加するフィールドを選択してください)を「フィールドセクション」、下半分(次のボックス間でフィールドをドラッグしてください)を「エリアセクション」といいます。ウィンドウが表示されない場合は、[ピボットテーブル分析]タブの[フィールドリスト][フィールドリスト]ボタンをクリックして表示します。

▼

データの抽出

フィールド名の右側の▼をクリックすると、オートフィルター機能と同様、表示するデータを切り替えることができます。

日付などのデータ

日付や時刻のデータをエリアセクションの[行ラベル]または[列ラベル]にドラッグすると、入力されたデータの期間により、自動的に月や年の単位が追加されて表示されます。数値の先頭にある+をクリックすると、詳細データが表示されます。「日付」のフィールドのみを表示したい場合は、作成後、自動的に追加された「月」や「年」のフィールドを削除します。

フィールドの削除

配置したフィールドを削除するには、[レポートに追加するフィールドを選択してください]ボックスで、フィールド名のチェックボックスをオフにします。また、エリアセクションの外にドラッグしても、フィールドを削除できます。

●ピボットテーブルの構成要素

ピボットテーブルには、次の要素があります。

行ラベルフィールド：[行ラベル]ボックスに配置されたフィールド
列ラベルフィールド：[列ラベル]ボックスに配置されたフィールド
値フィールド：[値]ボックスに配置したフィールドを、行や列に配置された項目で集計した値
レポートフィルターフィールド：[レポートフィルター]ボックスに配置されたフィールド

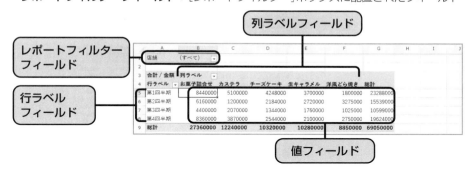

●集計表の作成

ピボットテーブルで集計表を作成するには、フィールドセクションからフィールドをドラッグして、エリアセクションのボックスに配置します。ここでは、行と列に「日付」と「商品名」を配置して、「金額」の合計を求める集計表を作成しましょう。

1. フィールドセクションの[日付]をポイントし、エリアセクションの[行ラベル]ボックスにドラッグします。

2. 行ラベルフィールドに日付が月単位で表示されます。

167

フィールドの入れ替え

ボックス間でフィールドをドラッグすると、集計表の行や列に表示する項目を変更することができます。

3. 同様の操作で、[商品名]を[列ラベル]ボックス、[金額]を[値]ボックスにドラッグします。ピボットテーブルの集計表が完成します。

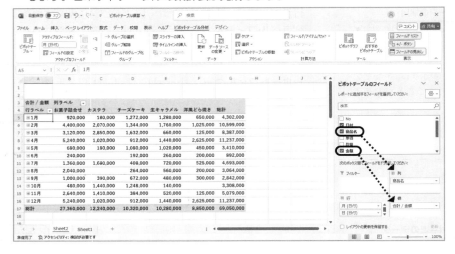

活用

選択したデータに適したピボットテーブルの候補一覧から選択するだけで、簡単にピボットテーブルが作成できます。作成するには、[挿入]タブの [おすすめピボットテーブル]ボタンをクリックし、表示された[おすすめピボットテーブル]ダイアログボックスの一覧から目的のピボットテーブルを選択して[OK]をクリックします。

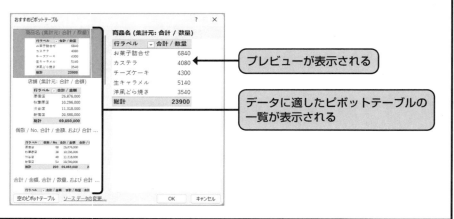

プレビューが表示される

データに適したピボットテーブルの一覧が表示される

活用

ピボットテーブルの基にしたデータを変更した場合、ピボットテーブルにも反映させることができます。ピボットテーブルのデータを更新するには、[ピボットテーブル分析]タブの [更新]ボタンをクリックします。

168

活用

レポートフィルターフィールドを利用すると、ピボットテーブル全体のデータを項目ごとに切り替えることができます。
▼をクリックして項目を選択し、[OK]をクリックすると、指定した項目のデータだけが表示されます。
たとえば、フィールドセクションの[店舗]をエリアセクションの[レポートフィルター]ボックスにドラッグすれば、右の画面のように集計対象の店舗を選択することができるようになります。

ピボットテーブルのデータをグループ化する

何か月か分などの一定の日付が入力されたデータを配置すると、月単位で自動的にグループ化され、月の下に「6月1日」、「6月2日」のように日単位で値が表示されます。
また、「グループ化」の機能を使って、四半期などの単位にまとめることもできます。
ここでは行ラベルフィールドの月単位を四半期単位にグループ化します。その後、四半期（日付）と商品名の配置を入れ替えてみましょう。

1. 行ラベルフィールド内のセルをクリックします。
2. [ピボットテーブル分析]タブの [→ グループの選択] [グループの選択]ボタンをクリックします。
3. [グループ化]ダイアログボックスの[単位]ボックスで[四半期]をクリックし、[日]と[月]をクリックして解除します。
4. [OK]をクリックします。

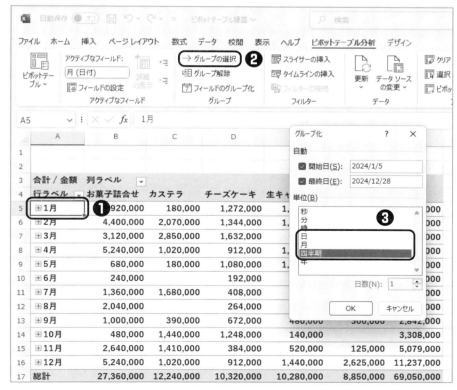

169

5. 四半期単位で表示されます。

6. 続けて、四半期(日付)と商品名の配置を入れ替えてみます。[列ラベル]ボックスの[商品名]をポイントして、[行ラベル]ボックスにドラッグします。

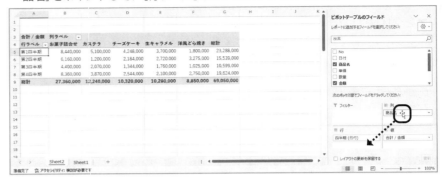

7. 行ラベルフィールドに四半期(日付)と商品名が配置されます。[行ラベル]ボックスの[四半期(日付)]をポイントして、[列ラベル]ボックスにドラッグします。

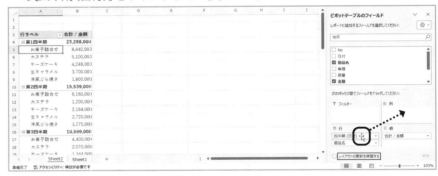

8. 行ラベルフィールドに商品名、列ラベルフィールドに四半期(日付)が配置されます。

グループ化の解除

グループ化を解除するには、解除するフィールド内のセルをクリックし、[ピボットテーブル分析]タブの[グループ解除]ボタンをクリックします。

詳細データの表示

ピボットテーブルに表示された値の内訳を確認したいときは、その値のセルをダブルクリックします。新しいシートが挿入されて、データの詳細が表示されます。

活用

ピボットテーブルスタイルを使うと、ピボットテーブル全体にまとめて書式を設定できます。[デザイン]タブで、[ピボットテーブルスタイル]グループの ▽ [クイックスタイル]ボタンをクリックし、一覧からスタイルを選択します。[デザイン]タブの[縞模様(行)]または[縞模様(列)]の各チェックボックスをオンにすれば、テーブル機能と同様、縞模様を変更することもできます。

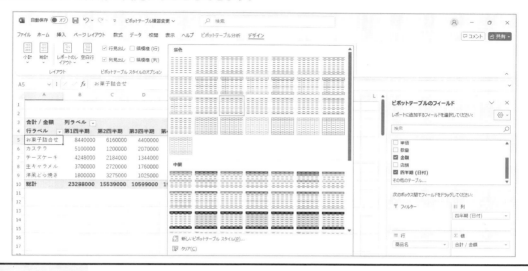

ピボットテーブルの集計方法を変更する

ピボットテーブルには、合計以外にも、平均やデータの個数などの「集計」方法が用意されています。ここでは、集計方法をデータの個数に変更してみましょう。

1. 値フィールド内の金額のセルをクリックします。
2. [ピボットテーブル分析]タブの[フィールドの設定][フィールドの設定]ボタンをクリックします。
3. [値フィールドの設定]ダイアログボックスで[集計方法]タブが選択されていることを確認します。
4. [値フィールドの集計]ボックスで[個数]をクリックします。
5. [OK]をクリックします。

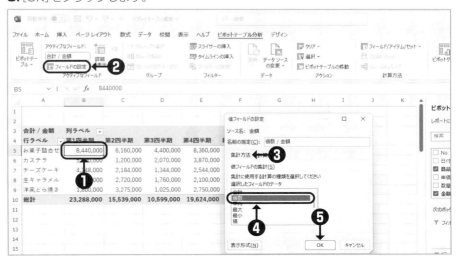

171

列幅の調整

ピボットテーブルのフィールドを入れ替えたり、集計方法を変更したりするごとに、列幅が自動調整されます。手動で列幅を調整すると、見やすい集計表にすることができます。

6. 各商品の四半期ごとのデータの個数が求められます。

	A	B	C	D	E	F
3	個数 / 金額	列ラベル				
4	行ラベル	第1四半期	第2四半期	第3四半期	第4四半期	総計
5	お菓子詰合せ	24	13	14	15	66
6	カステラ	15	6	6	9	36
7	チーズケーキ	12	7	3	8	30
8	生キャラメル	13	10	5	8	36
9	洋風どら焼き	10	10	5	7	32
10	総計	74	46	33	47	200

7. 変更したブックを「ピボットテーブル練習変更」という名前で、[保存用]フォルダーに保存します。

活用

集計データに3桁区切りや「¥」などの表示形式を設定するには、手順3の[値フィールドの設定]ダイアログボックスの左下に表示される[表示形式]をクリックし、[セルの書式設定]ダイアログボックスで目的の表示形式を選択して、[OK]をクリックします。たとえば3桁区切りを設定するには、[分類]ボックスの一覧から[数値]を選択し、[桁区切り(,)を使用する]チェックボックスをオンにします。¥記号と3桁区切りの形式にするには、[分類]ボックスで[通貨]を選択します。

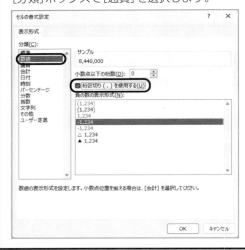 

活用

ピボットテーブルの集計の計算方法を変更して、いろいろな比率を簡単に求めることができます。たとえば商品別に四半期ごとの構成比を求めるには、手順3で[計算の種類]タブをクリックし、[計算の種類]ボックスの▼をクリックして一覧から[列集計に対する比率]を選択します。

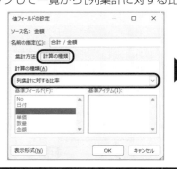 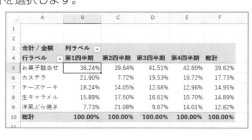

活用

集計するデータがない場合、セルは空白になります。「0」を表示させたいときは、[ピボットテーブル分析]タブで[ピボットテーブル]ボタンをクリックします。一覧から[オプション][オプション]ボタンをクリックして、[ピボットテーブルオプション]ダイアログボックスの[レイアウトと書式]タブで[空白セルに表示する値]チェックボックスをオンにし、ボックスに「0」を入力します。

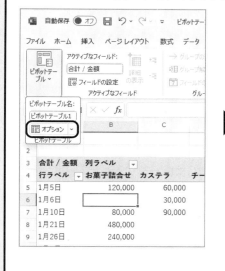

活用

ピボットテーブルで作成した集計表をグラフにするときは、「ピボットグラフ」機能を使います。[ピボットテーブル分析]タブの[ピボットグラフ]ボタンをクリックし、[グラフの挿入]ダイアログボックスで作成するグラフの種類を選択します。作成したグラフは、通常のグラフと同じように編集できます。なお、ピボットテーブルとピボットグラフは互いに連動しています。ピボットテーブルで集計表の項目を入れ替えると、その変更はピボットグラフにも反映されます。

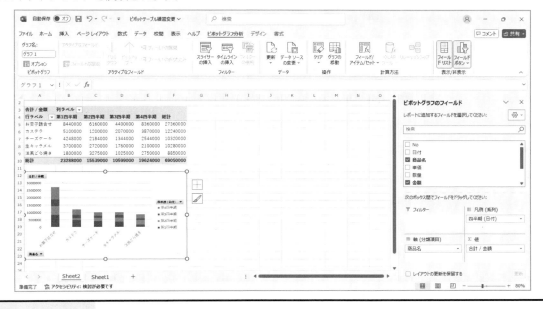

練習問題

1. CSV形式のテキストファイル「年間売上.csv」を開きましょう。
2. B列の列幅を自動調整し、C～H列の列幅を「10.00」に変更しましょう。
3. データに次の書式を設定しましょう。
   ・項目名をセルの中央に配置し、背景色に「標準の色」の「黄」を設定する
   ・数値データに「3桁区切り」を設定する
4. 「エリア」を基準にして、エリアごとにレコードを降順で並べ替えましょう。
5. 自動集計機能を使って、「第1四半期」～「第4四半期」と「合計」について、エリアごとに合計を求めましょう。
6. 自動集計機能を使って、「合計」の列に個数を追加しましょう。
7. Excelブックの形式で「E-L12-01」という名前で、[保存用]フォルダーに保存しましょう。

1. ブック「ギフトセット売上.xlsx」を開きましょう。
2. ピボットテーブルを新規ワークシートに作成しましょう。
3. ピボットテーブルの各フィールドに、次の項目を配置しましょう。
   行ラベル：日付、列ラベル：商品名、値：金額
4. 行ラベルフィールドの日付を四半期単位でグループ化しましょう。
5. ピボットテーブルのフィールドに配置する項目を、次のように変更しましょう。
   行ラベル：商品名、列ラベル：四半期（日付）、値：金額、レポートフィルター：店舗
6. [薄い水色、ピボットスタイル（中間）12]を設定して、ピボットテーブル全体の書式を変更しましょう。
7. ピボットテーブルの集計方法を「個数」に変更しましょう。
8. 次の画面を参考に、ピボットグラフを作成しましょう。ピボットテーブルの集計表を基にして、ピボットテーブルの下に配置します。

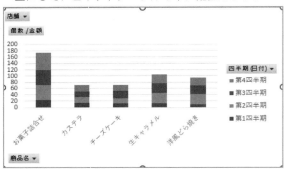

9. 「E-L12-02」という名前で、[保存用]フォルダーに保存しましょう。

総合問題

1 入力内容を参考にデータを入力し、データの配置を整えましょう。
- B列とD列の列幅を自動調整し、C列の列幅は「20.00」に変更する
- 項目名は、文字をセルの中央に配置する
- 「平均」～「最低」のセルは、各行のB～D列のセル内で結合して中央に配置する

入力内容1

	A	B	C	D	E	F	G	H	I	J
1	硬式野球部　打率表									
2										
3	背番号	氏名	フリガナ	学年	先月	打席	安打数	打率	順位	傾向
4	1	山上浩二		3	0.2	85	26			
5	2	木下徹		3	0.3	83	22			
6	3	黒田祐樹		3	0.4	86	30			
7	4	奥田勇		2	0.35	83	30			
8	5	奥田勝		2	0.35	84	23			
9	6	江本一郎		3	0.31	80	22			
10	7	村上淳		1	0.25	30	8			
11	8	宮本正春		3	0.29	55	13			
12	9	安西紳一郎		2	0.25	80	20			
13	10	高野幸夫		2	0.25	60	16			
14	11	品川昭雄		2	0.19	65	11			
15	12	山田健太		1	0.2	20	9			
16			平均							
17			最高							
18			最低							

2 「山田健太」と「平均」の間に新たに1行挿入し、次のデータを左から「フリガナ」以外のセルに順に入力しましょう。
　13、　伊集院元（イジュウインゲンと入力）、　1、　0.2、　20、　5

3 PHONETIC関数を使って、「フリガナ」に「氏名」のよみを表示しましょう。

4 「伊集院元」（セルB16）のふりがなを「イジュウインハジメ」に変更しましょう。

5 「打率」は、「安打数」÷「打席」の数式を入力して求めましょう。ROUNDDOWN関数を使って、小数点第4位を切り捨てます。

6 AVERAGE関数を使って、セルE17～H17に平均を求めましょう。

7 MAX関数を使って、セルE18～H18に最大値を求めましょう。

8 MIN関数を使って、セルE19～H19に最小値を求めましょう。

9 数値データの表示形式を変更しましょう。
- 「先月」と「打率」の数値は小数点以下第3位まで表示する
- 「打席」と「安打数」の「平均」の数値を整数に変更する

10 RANK.EQ関数を使って、セルI4～I16に「打率」の大きい順の順位を求めましょう。

11 表示形式を使って、「順位」の値に「位」という単位を付けて表示しましょう。

12 IF関数を使って、セルJ4～J16に「打率」が「先月」より大きい場合は「好調」と表示し、そうでない場合は空欄になるように指定しましょう。

13 次ページの設定例を参考に格子状の罫線を設定し、次の線種に変更しましょう。
- セルA4～J16の外枠を太罫線に変更する
- 「先月」の左右の縦線を二重線に変更する

設定例

	A	B	C	D	E	F	G	H	I	J
1	硬式野球部　打率表									
2										
3	背番号	氏名	フリガナ	学年	先月	打席	安打数	打率	順位	傾向
4	1	山上浩二	ヤマガミコウジ	3	0.200	85	26	0.305	4位	好調
5	2	木下徹	キノシタトオル	3	0.300	83	22	0.265	9位	
6	3	黒田祐樹	クロダユウキ	3	0.400	86	30	0.348	3位	
7	4	奥田勇	オクダイサム	2	0.350	83	30	0.361	2位	好調
8	5	奥田勝	オクダマサル	2	0.350	84	23	0.273	6位	
9	6	江本一郎	エモトイチロウ	3	0.310	80	22	0.275	5位	
10	7	村上淳	ムラカミジュン	1	0.250	30	8	0.266	7位	好調
11	8	宮本正春	ミヤモトマサハル	3	0.290	55	13	0.236	12位	
12	9	安西紳一郎	アンザイシンイチロウ	2	0.250	80	20	0.250	10位	
13	10	高野幸夫	タカノユキオ	2	0.250	60	16	0.266	7位	好調
14	11	品川昭雄	シナガワアキオ	2	0.190	65	11	0.169	13位	
15	12	山田健太	ヤマダケンタ	1	0.200	20	9	0.450	1位	好調
16	13	伊集院元	イジュウインハジメ	1	0.200	20	5	0.250	10位	好調
17			平均		0.272	64	18	0.286		
18			最高		0.400	86	30	0.450		
19			最低		0.190	20	5	0.169		

⑭次の書式を設定して、表の体裁を整えましょう。
　・3行目の項目名と「平均」、「最高」、「最低」のセルの背景色に「テーマの色」の「プラム、アクセント5、白＋基本色80％」を設定する
　・行番号4～16の行の高さを「16.50」に変更する
⑮セルB16に「10月入部」というメモを付けましょう。
⑯「E-S01」という名前で、［保存用］フォルダーに保存しましょう。

総合2

①総合1で作成したブック「E-S01.xlsx」を開きましょう。
②次のグラフを参考に、セルB3～B16とセルG3～G16を基にして個人別の安打数を表した2-Dの集合縦棒グラフを作成し、セルA21～G34に配置しましょう。

グラフ

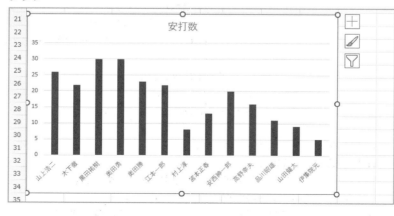

❸[グラフタイトル]の「安打数」を「個人別成績」に変更し、フォントサイズを「12」に設定しましょう。
❹セルH3～H16の値をグラフに追加し、マーカー付きの折れ線グラフに変更しましょう。
❺折れ線グラフの第2軸を表示しましょう。
❻縦棒グラフの棒の塗りつぶしの色を「テーマの色」の「緑、アクセント6、黒＋基本色25％」に変更しましょう。
❼次の図を参考に、SmartArtグラフィックの「集合関係」の「集中」を使って、グラフの右に図を描画しましょう。

図

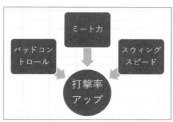

❽「E-S02」という名前で、[保存用]フォルダーに保存しましょう。

❶入力内容1を参考にデータを入力し、データの配置を整えましょう。
　・E～J列の列幅を「10.00」に変更し、C列の列幅を自動調整する
　・項目のセルは背景色に「テーマの色」の「濃い青、テキスト2、白＋基本色75％」を設定し、文字をセルの中央に配置する
　・項目名のセルに罫線を設定する

入力内容1

	A	B	C	D	E	F	G	H	I	J
1	第1四半期売上									
2										
3	コード	商品区分	商品名	価格	割引価格	4月売上数	5月売上数	6月売上数	注文総数	売上額
4	S1001	ギフト	日本酒グッズ	4000		85	45	104		
5	S1002	ギフト	ビアグッズ	3850		124	304	285		
6	S1003	ギフト	焼酎ロックグッズ	3650		168	286	235		
7	S1004	ギフト	夫婦茶碗セット	4850		224	185	304		
8	S1005	ギフト	湯呑セット	2500		56	34	85		
9	S1006	ギフト	キッチン小物セット	3000		365	645	504		
10	S1007	洋食器	パスタプレート	1800		248	854	546		
11	S1008	洋食器	プレート	2000		348	367	123		
12	S1009	洋食器	ディナー皿	1200		268	268	142		
13	S1010	洋食器	ミート皿	900		235	235	134		
14	S1011	洋食器	デザート皿	700		357	100	498		
15	S1012	洋食器	パン皿	650		346	153	122		
16	S1013	洋食器	スープ皿	850		258	325	404		
17	S1014	洋食器	ボール（L）	800		64	164	214		
18	S1015	洋食器	ボール（M）	600		89	155	245		
19	S1016	洋食器	ポット	4000		105	33	111		
20	S1017	和食器	角鉢（大）	2000		241	286	226		
21	S1018	和食器	角鉢（中）	1600		124	389	349		
22	S1019	和食器	角鉢（小）	1200		254	207	204		
23	S1020	和食器	平皿（タイプA）	3000		341	306	308		
24	S1021	和食器	平皿（タイプB）	4000		84	228	369		
25	S1022	和食器	浅鉢（大）	1400		56	269	134		
26	S1023	和食器	浅鉢（小）	1000		355	307	153		
27	S1024	和食器	どんぶり	800		457	358	278		

❷置換機能を使って、次のようにすべてのコードを5桁から4桁に変更しましょう。
　変更前：S1001→変更後：S001
❸「割引価格」は、「価格×90％」の数式を入力して求めましょう。ROUNDDOWN関数を使って、計算結果の1の位以下を切り捨てます。
❹SUM関数を使って、「注文総数」に「4月売上数」～「6月売上数」の合計を求めましょう。
❺「売上額」は、「価格×注文総数」の数式を入力して求めましょう。

❻「価格」、「割引価格」、「注文総数」、「売上額」の数値データに「3桁区切り」を設定しましょう。
❼「商品区分」ごとに、「注文総数」の多い順にレコードを並べ替えましょう。「商品区分」は降順を指定します。
❽条件付き書式を設定して、セルF4〜H27に、「塗りつぶし（グラデーション）」の「オレンジのデータバー」を設定しましょう。
❾入力内容2を参考にセルA30〜C30とセルA31〜A33にデータを入力し、セルA3と同じ書式をセルA30〜C30に設定しましょう。

入力内容2

	商品区分	商品数	売上総額
30			
31	和食器		
32	洋食器		
33	ギフト		
34			

❿COUNTIF関数を使って、「商品数」に「商品区分」ごとの「商品数」を求めましょう。
⓫SUMIF関数を使って、「売上総額」に「商品区分」ごとの「売上額」の合計を求めましょう。求めた「売上総額」の数値データに「3桁区切り」を設定しましょう。
⓬「E-S03」という名前で、［保存用］フォルダーに保存しましょう。

総合4

❶ブック「カタログギフト.xlsx」を開きましょう。
❷表（セルA3〜G87）をテーブルに変換し、［中間］の［緑、テーブルスタイル（中間）7］を設定しましょう。
❸テーブルの最終行に、次のデータを追加しましょう。
　85、3月31日、中央店、スイーツ、2500、15
❹H列に「備考」という項目を追加しましょう。列幅を「36.00」に変更し、入力した文字列が自動的に折り返して表示されるようにします。
❺テーブルに集計行を追加して、「金額」の合計を表示しましょう。なお、「備考」の列の値はなしにします。
❻オートフィルターを使って、中央店の「数量」が40以上のデータを抽出しましょう。
❼シート「売上集計」を右にコピーし、シート名を「売上集計（印刷用）」に変更しましょう。
※❽〜⓬は、シート「売上集計（印刷用）」を編集します。
❽集計行を削除したあと、テーブルを解除しましょう。
❾ページのレイアウトを次のように設定しましょう。
　・印刷の向き：横
　・印刷位置：ページの水平方向の中央に印刷する
　・印刷タイトル：すべてのページに行番号1〜3の行を印刷する
❿改ページプレビューを使って、月ごとにデータが改ページして印刷されるように、改ページ位置を変更しましょう。
⓫ヘッダーの右側に、次の設定の「持出禁止」という文字が印刷されるように設定しましょう。
　・フォント：HG創英角ゴシックUB
　・フォントサイズ：18
　・フォントの色：「テーマの色」の「白、背景1、黒＋基本色25％」
⓬フッターの中央に、「ページ番号／総ページ数」が印刷されるように設定しましょう。

ページレイアウトビューの表示(1ページ目)

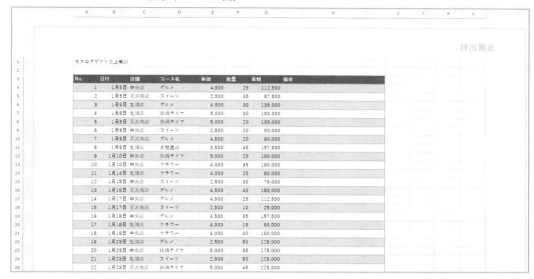

⓭「E-S04」という名前で、[保存用]フォルダーに保存しましょう。

❶入力内容1を参考に、シート「Sheet1」にデータを入力して、表を作成しましょう。
　・A列、F列の列幅を「10.00」に変更する
　・表の1行目と7行目のセルは、背景色に「テーマの色」の「濃い青、テキスト2、白+基本色75%」を設定する
　・セルA3～F3のセルは、文字をセルの中央に配置する

入力内容1

❷シート「Sheet1」を「年間売上」という名前に変更しましょう。
❸シート「年間売上」をコピーして「上半期」、「下半期」、「部門別」というシートを作成し、左から「年間売上」、「上半期」、「下半期」、「部門別」の順に並べましょう。
❹入力内容2を参考に、シート「上半期」、「下半期」にそれぞれデータを入力しましょう。
　・セルA1の値を変更する
　・セルB4～E8に数値を入力する

入力内容2

シート「上半期」

シート「下半期」

⑤シート「上半期」、「下半期」のセルB4～E8の値を3-D集計して、シート「年間売上」の表内に合計を求めましょう。

⑥シート「年間売上」、「上半期」、「下半期」をグループ化して、次の設定をしましょう。
・SUM関数を使って、縦横の「合計」を一度に求める
・数値データに「3桁区切り」を設定する

⑦入力内容3を参考に、シート「部門別」のデータを編集しましょう。
・セルA1の値を変更する
・表の構成を変更し、項目名を「上半期」と「下半期」に変更する
・セルの色を「テーマの色」の「プラム、アクセント5、白+基本色80%」に変更する

入力内容3

シート「部門別」

⑧セル参照の数式を使って、シート「上半期」、「下半期」の「合計」の値をシート「部門別」に表示しましょう。
⑨SUM関数を使って、シート「部門別」の縦横の「合計」を一度に求めましょう。
⑩シート「部門別」の表を基に、部門別に売上を比較する積み上げ縦棒グラフを作成し、グラフをセルA12～H27に配置しましょう。
⑪積み上げ縦棒グラフのレイアウトを、次のように変更しましょう。
・「グラフスタイル」の「スタイル11」を設定する
・グラフタイトルは削除する
・グラフエリアを「テーマの色」の「濃い青緑、アクセント1、白+基本色80%」で塗りつぶす
⑫次の完成イメージを参考に積み上げ縦棒グラフ内に、「本年より取扱開始」と入力した角を丸めた四角形の吹き出しを追加しましょう。「ベビー用品」の上部に表示し、吹き出しの先端を「ペット用品」の棒の左上隅に伸ばします。

完成イメージ

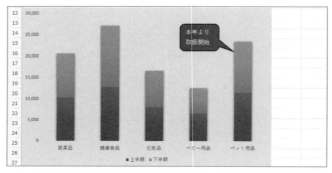

⑬「E-S05」という名前で、[保存用]フォルダーに保存しましょう。

総合 6

❶ CSV形式のテキストファイル「リビング部門売上.csv」を開き、「E-S06」という名前で、Excelブックの形式で[保存用]フォルダーに保存しましょう。

❷ 空白行を2行挿入し、セルA1に「リビング部門売上一覧」と入力しましょう。

❸ E列の列幅を自動調整しましょう。

❹ セルH3に「金額」と入力し、セルH4～H1003に「単価×数量」の数式を入力して金額を求めましょう。

❺ セルA3～H3に、次の書式を設定しましょう。
・背景色に「テーマの色」の「オレンジ、アクセント2、白+基本色60%」を設定する
・文字をセルの中央に配置する

❻ 画面をスクロールしても行番号1～3の行が常に表示されるようにしましょう。

❼ ピボットテーブルを新規ワークシートに作成しましょう。

❽ ピボットテーブルの各フィールドに、次の項目を配置しましょう。
行ラベル：注文日、列ラベル：商品名、値：数量

❾ 行ラベルフィールドのデータを四半期単位でグループ化しましょう。

❿ シート「リビング部門売上」のセルG1002の「数量」の値を「25」に変更し、ピボットテーブルにも反映させましょう。

※ **Ctrl** + **End**キーを押すと、表内の最終行のセルに移動できます。

⓫ 次のピボットテーブルの画面を参考に、ピボットテーブルのフィールドに配置する項目を変更しましょう。

ピボットテーブル

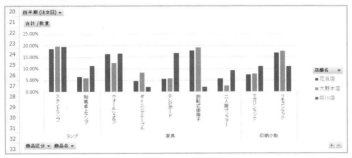

⓬ ピボットテーブルの集計の計算方法を「列集計に対する比率」に変更して、各店舗の商品の構成比を求めましょう。

⓭ [薄いオレンジ、ピボットスタイル(中間)10]を設定して、ピボットテーブル全体の書式を変更しましょう。

⓮ 次の画面を参考にピボットグラフを作成し、セルA20～G33にグラフを配置しましょう。
・横（項目）軸の商品名を縦書きに変更する
・横（項目）軸の項目名のフォントを[HGPゴシックM]、フォントサイズを「8」に変更する

ピボットグラフ

⓯ ブックを上書き保存しましょう。

索引

英数字

¥ の表示	14
3-D 集計	153
3 桁区切り	14
AND 関数	55
AND 条件	131
AVERAGEIF 関数	140
AVERAGE 関数	34
COUNTA 関数	50
COUNTIF 関数	138
COUNT 関数	50
CSV 形式	160
HLOOKUP 関数	66
IFS 関数	41
IF 関数	40, 43, 69
LARGE 関数	55
MAXIFS 関数	37
MAX 関数	36
MINIFS 関数	37
MIN 関数	36
OneDrive	5
OR 関数	55
OR 条件	131
PDF 形式で保存	6
PHONETIC 関数	52
RANK.EQ 関数	54
ROUNDDOWN 関数	38
ROUNDUP 関数	38
ROUND 関数	38
SMALL 関数	55
SmartArt	104
SUMIF 関数	140
SUM 関数	8
VLOOKUP 関数	66
XLOOKUP 関数	68

あ行

アイコンセット	143
アウトライン機能	165
アクティブセル	3
値フィールド	167
新しい条件付き書式ルール	144
印刷の向きの設定	26
印刷プレビュー	26
インポート	162
ウィンドウ枠の固定	115
上書き保存	5
エラーインジケーター	31
エラー値	32
エラー表示の回避	69
円グラフ	92
オートフィル	3
オートフィルター	128
おすすめグラフ	77
おすすめピボットテーブル	168

か行

改ページ位置	116
改ページプレビュー	116
下線	10
カラースケール	143
関数	8
関数のネスト	42
行・列単位の選択	17
行の高さ	17, 25
行番号	3
行や列の移動	20
行や列の削除	19
行や列の挿入	19
行ラベルフィールド	167
［クイック分析］ボタン	77, 142
区分線	99
グラフエリア	78
グラフシート	79
グラフタイトル	78, 81
グラフ	
〜の移動	79
〜のサイズ変更	80
〜の削除	79
〜の作成	76
〜の種類	76, 91
〜の編集	78
〜のレイアウト	98
グラフ要素	78
グループ化	151
罫線	11, 23
検索	112
降順	113
コメント機能	58

さ行

サイズ変更ハンドル	80
最大値・最小値を求める	36
散布図	100
シート	
〜間のデータのコピー	62
〜の移動	150
〜の切り替え	62
〜のグループ化	151
〜のコピー	150
〜の再表示	71
〜の削除	63
〜の種類	62
〜の選択	151
〜の追加	63
〜の表示 / 非表示の切り替え	71
〜の保護	70
シート見出し	62, 150
シート名の変更	63
軸ラベル	78, 82
四則演算子	6
自動集計	164

182

斜体……………………………………… 10	
集計……………………………………… 171	
集計行…………………………………… 126	
順位を付ける…………………………… 54	
上位 / 下位ルール……………………… 143	
条件付き書式…………………………… 141	
条件で値を判定する…………………… 40, 41	
昇順……………………………………… 113	
新規ブックの作成……………………… 2	
数式……………………………………… 6	
数式のコピー…………………………… 7	
数式バー………………………………… 3	
数値フィルター………………………… 129	
スピル…………………………………… 7	
絶対参照………………………………… 7, 31, 32	
セル参照………………………………… 7	
セル	
～内のデータの配置………………… 13	
～の移動……………………………… 18	
～の強調表示ルール………………… 141, 143	
～の結合……………………………… 21	
～のコピー…………………………… 18	
～の背景色…………………………… 12, 25	
～のロック…………………………… 70	
セル番地………………………………… 3	
相対参照………………………………… 7, 31	

た行

第 2 軸の表示…………………………… 95	
縦（値）軸……………………………… 78	
縦（値）軸目盛線……………………… 78	
置換……………………………………… 113	
積み上げ棒グラフ……………………… 98	
データ系列……………………………… 78	
データの個数を求める………………… 50	
データの抽出…………………………… 128, 133, 167	
データの統合…………………………… 155	
データバー……………………………… 143	
データベース…………………………… 109, 110	
データベース関数……………………… 141	
データラベル…………………………… 93, 97	
テーブル………………………………… 123, 126	
テーブルスタイル……………………… 125	
テキストファイルウィザード………… 163	
テキストフィルター…………………… 130	
独自の表示形式の設定………………… 51	
トップテンフィルター………………… 131	

な行

名前ボックス…………………………… 3	
名前を付けて保存……………………… 5	
並べ替え………………………………… 113	
入力規則………………………………… 64, 110	

は行

端数を四捨五入する…………………… 38	
凡例……………………………………… 78	
比較演算子……………………………… 40	
引数……………………………………… 8	
日付……………………………………… 4, 48	
日付フィルター………………………… 130	
ピボットグラフ………………………… 173	
ピボットテーブル……………………… 166	
～の構成要素………………………… 167	
～のフィールドリスト……………… 166	
表作成のポイント……………………… 1	
フィルターオプション………………… 134	
フィルハンドル………………………… 3	
フォント・フォントサイズ…………… 9	
吹き出し………………………………… 103	
複合グラフ……………………………… 95	
複合参照………………………………… 32	
ブック	
～の保護……………………………… 71	
～の保存……………………………… 5	
～を開く、閉じる…………………… 6	
フッター………………………………… 116	
太字……………………………………… 10	
フラッシュフィル……………………… 4	
ふりがな………………………………… 52	
プロットエリア………………………… 78	
平均を求める…………………………… 34	
ページレイアウト……………………… 26	
ページレイアウトビュー……………… 116, 118	
ヘッダー………………………………… 116, 118	
別のシートのセル参照………………… 152	

ま・や行

メモ機能………………………………… 58	
目盛の設定……………………………… 85	
文字数の制限…………………………… 64	
文字や数値の入力……………………… 3	
文字列の縦書き、折り返し…………… 22	
元に戻す………………………………… 9	
用紙サイズの設定……………………… 26	
横（項目）軸…………………………… 78	

ら・わ行

リアルタイムプレビュー……………… 9, 125, 142	
レーダーチャート……………………… 102	
レコード………………………………… 109	
列………………………………………… 109	
列幅……………………………………… 17	
列番号…………………………………… 3	
列見出し………………………………… 109	
列ラベルフィールド…………………… 167	
レポートフィルターフィールド……… 167	
連続データの入力……………………… 4	
ワイルドカード………………………… 132	

183

■本書は著作権法上の保護を受けています。

本書の一部あるいは全部について、日経 BP から文書による許諾を得ずに、いかなる方法においても無断で複写、複製することを禁じます。購入者以外の第三者による電子データ化および電子書籍化は、私的使用を含め一切認められておりません。無断複製、転載は損害賠償、著作権法の罰則の対象になることがあります。

■本書についての最新情報、訂正、重要なお知らせについては下記 Web ページを開き、書名もしくは ISBN で検索してください。ISBN で検索する際は-（ハイフン）を抜いて入力してください。

https://bookplus.nikkei.com/catalog/

■本書に掲載した内容についてのお問い合わせは、下記 Web ページのお問い合わせフォームからお送りください。電話およびファクシミリによるご質問には一切応じておりません。なお、本書の範囲を超えるご質問にはお答えできませんので、あらかじめご了承ください。ご質問の内容によっては、回答に日数を要する場合があります。

https://nkbp.jp/booksQA

情報利活用
表計算 Excel 2024 対応

2025 年 2 月25日　初版第 1 刷発行

著　　　者	阿部 香織
発 行 者	中川 ヒロミ
発　　　行	株式会社日経 BP
	〒 105-8308　東京都港区虎ノ門 4-3-12
発　　　売	株式会社日経 BP マーケティング
	〒 105-8308　東京都港区虎ノ門 4-3-12
執 筆 協 力	間久保 恭子
装　　　丁	奈良岡 菜摘
制　　　作	持田 美保
印　　　刷	大日本印刷株式会社

・本書に記載している会社名および製品名は、各社の商標または登録商標です。なお、本文中に ™、® マークは明記しておりません。
・本書の例題または画面で使用している会社名、氏名、他のデータは、一部を除いてすべて架空のものです。

©2025 Kaori Abe

ISBN978-4-296-05075-8　　Printed in Japan